„Der Tod des Anderen ist der erste Tod".
Emmanuel Lévinas formulierte mit diesem
Diktum einen der spektakulärsten Sätze in
der Geschichte der Philosophie überhaupt.
Denn der Tod, auf den vorzubereiten schon
die antike Stoa als vornehmstes Anliegen
philosophischer Praktik charakterisierte,
war ihr, wie in einer Art unausgesproche-
nem Kontrakt, vorab nur dieser eine Tod,
den ich zu sterben habe.

Der Tod des Anderen war demgegenüber
kein anderer Tod, sondern ein nur mehr ab-
geleiteter, empirischer Modus dieses einen
Todes, dessen eigentlicher Sinn sich allein
aus der Perspektive der ersten Person er-
schließen sollte. Dieser Tod der ersten Person bildete von Sokrates bis Heidegger und
darüber hinaus das transzendentale Schnitt-
muster für den Begriff, die Idee, die Vorstellung des Todes im allgemeinen, wie di-
vergent im besonderen die jeweiligen Kon-
zepte auch immer gewesen sein mochten.

Den Tod der zweiten Person, des Anderen,
versuchsweise einmal zum Paradigma zu
erheben, den Tod überhaupt zu denken,
stellt dementgegen ein philosophisches Ex-
periment mit bislang noch völlig unabseh-
baren Konsequenzen dar. Diesen Konsequenzen nachzuspüren ist Absicht des hier
angezeigten Buches.

Michael Mayer, geboren 1957 in Villingen-
Schwenningen. Studium in Freiburg und
Berlin. Er lebt als freier Autor in Berlin.

# TOTENWACHE

PASSAGEN PHILOSOPHIE

# Michael Mayer
# Totenwache

Passagen Verlag

Deutsche Erstausgabe

Die Deutsche Bibliothek  –  CIP-Einheitsaufnahme

Mayer, Michael:
Totenwache / Michael Mayer. – Dt. Erstausg.. –
Wien : Passagen-Verl., 2001
    (Passagen Philosophie)
    ISBN 3-85165-460-9

ISBN 3-85165-460-9
© 2001 by Passagen Verlag Ges. m. b. H., Wien
Bildkonzept: Gregor Eichinger
Umschlagbild: Hans Holbein d.J. „Christus im Grabe", 1521/22
Graphisches Konzept: Ecke Bonk
Druck: Manz Crossmedia GmbH & Co KG, 1051 Wien

# Inhalt

## 1

Wake up! Es ist Zeit! Schlafe nicht! Wach auf, schnell! Die Nacht beginnt. Wach auf!

\*

Mit bloßer Hand die Erde gegriffen. Die Hand zur Faust geballt gepreßt die Erde ins Grab geworfen wieder. Und wieder. Tagsüber und über mit Tränen. Im Grab der Tote, da. Der Sarg ich erinnere mich nicht mehr an den Sarg wann und wo nicht mehr. Und wann das war das, vor einem Dutzend Jahren vielleicht. Gestern vielleicht. Heute noch den Geruch erdigen Geruch der Erde an der Hand heute, an der einen Hand, manchmal, der Erde, ins Grab geworfen nachgeworfen. Sein Grab. Wie ein Fluch. Offenes Grab, offene Stadt, città aperta: den Feinden ausgeliefert, den Vögeln, den giftigen, irgendwo, kleine schwarze Punkte irgendwo am Himmel irgendwo. „Du und dein verfluchtes Motorrad!" Er soll schnell gestorben sein, hieß es. Das Bewußtsein nicht wiedererlangt, hieß es. Auf einer Strasse, irgendeiner, im Schwarzwald, in der Nähe von „Freudenstadt", ausgerechnet. Auf einer Straße. „Seine Schuld", an der falschen Stelle überholt, der PKW, Gegenfahrbahn. Hieß es. Monate später war er Vater. Toter Vater, Äther. Rittlings über dem Grabe. Das Kind also, so ist es, hatte den Vater überlebt den Vater. Wie das Leben so spielt. Pränatale Fatalität eines leichtverdrehten Aborts eines schwerzugänglichen eines Tages dann. Wie das Leben so spielt. Oder der Tod. Rittlings über. Das offene Grab und dieser Schmerz dieser

Dieser Schmerz ganz namenlos.

Namenlos. Davongerannt danach, getaumelt, der Kies unter den Füßen, fast weggerutscht, das Gesicht die Hände geschlagen vergraben im Ellenbogen, vergraben. Vergraben, das Grab. Versiegelt, verschlossen, mit einem mächtigen Stein. Daß keiner wiederkehrt vor der Zeit. Daß die Toten tot sind. Daß sie nicht wiederkehren vor der Zeit, die Lebenden heimzusuchen, als wollten sie sie verzehren. Als ob sie nicht kämen, in der Nacht, wenn alles schläft. Wake up!

Totenwache.

Ich erinnere mich nicht an das Grab, nicht an den Grabstein, wenn es einen gab. Don't stand so close to me. All die Tränen, die geweinten und die nichtgeweinten. Ein Montag im April. Ein Kreuz in einem der alten Notizbücher. Es klingelte

*

Vater, siehst du denn nicht, daß ich verbrenne?

*

Totenwache: gleich zu Beginn des siebten Kapitels seiner „Traumdeutung"[1] berichtet Freud von einem Traum, den ihm eine Patientin erzählte, die diesen Traum ihrerseits „in einer Vorlesung über den Traum kennengelernt" habe. Seine „eigentliche Quelle", so Freud, sei ihm „unbekannt" geblieben.

So merkwürdig die Überlieferungsgeschichte, so merkwürdig ist der Traum selbst. Und merkwürdig, daß Freud auf ihn überhaupt zu sprechen kommt. Denn eigentlich kann er mit ihm wenig anfangen. Eigentlich sperrt sich der kategoriale Rahmen seiner „Traumdeutung" gegen genau diesen Traum, gegen sein szenisches Tableau, seinen Aufbau und seine Struktur im allgemeinen. Er paßt nicht so recht ins Schema der „Traumdeutung", der Unterscheidung zwischen Latent und Manifest, der Traumarbeit von Verschiebung, Verdichtung, Rücksicht auf Darstellbarkeit, der sekundären Bearbeitung, der Differenz zuletzt zwischen Imaginär und Real. Zwischen Imaginär und Real: er paßt da nicht hinein, widersetzt sich, bleibt außen vor, genauer: dazwischen. Zwischen Traum und Wirklichkeit. In-der-Welt- und Jenseits-der-Welt-Sein. Und doch kommt Freud nicht umhin, ihn ausführlich zu erzählen. Er beginnt allerdings - und schon das ist irgendwie untypisch für Freuds „Traum-

12

deutung" – mit der Darstellung der „Vorbedingungen" des Traumes. Er beginnt also mit der Realität, mit dem, was, wie man so sagt, wirklich geschah, in der Wirklichkeit, und er beginnt mit folgenden Worten:

„Ein Vater hat tage- und nächtelang am Krankenbett seines Kindes gewacht. Nachdem das Kind gestorben, begibt er sich in einem Nebenzimmer zur Ruhe, läßt aber die Tür geöffnet, um aus seinem Schlafraum in jenen zu blicken, worin die Leiche des Kindes aufgebahrt liegt, von großen Kerzen umstellt. Ein alter Mann ist zur Wache bestellt worden und sitzt neben der Leiche, Gebete murmelnd. Nach einigen Stunden Schlafs träumt der Vater, daß das Kind an seinem Bette steht, ihn am Arme faßt und ihm vorwurfsvoll zuraunt: Vater, siehst du denn nicht, daß ich verbrenne? Er erwacht, merkt einen hellen Lichtschein, der aus dem Leichenzimmer kommt, eilt hin, findet den greisen Wächter eingeschlummert, die Hüllen und einen Arm der teuren Leiche verbrannt durch eine Kerze, die brennend auf sie gefallen war."

*

Es klingelte. Es war schon spät. Sie kam herein. Das Gesicht. Bleich ein wenig, leer, vor allem ganz leer. Nein, keine Trauer darin, noch nicht. Noch lange nicht. Keine Tränen. Noch lange nicht. All die nichtgeweinten Tränen. „Thomas ist tot." Keine Tränen, Trauer, nicht einmal Verzweiflung. Noch lange nicht. „Thomas ist tot." Ein Unfall

*

Daß sie nicht wiederkehren vor der Zeit, die Lebenden heimzusuchen, als wollten sie sie verzehren. „Die Nacht der lebenden Toten": als ob es das nicht gäbe, als ob sie nicht kämen, in der Nacht, uns zu verzehren. „Uns" unmögliches „Uns" alle und keiner. Die weithin offenen Gräber, jetzt, als wäre es der letzte der Tage. Aber „jetzt" ist es Nacht, und die Erlösung kommt zu früh. Die Affenpfote, das laute Pochen an die Tür, mitten in der Nacht, das Pochen. Das Erschrecken, blaßüberströmt. Wer jetzt die Tür öffnet, „jetzt", ist verloren ist verflucht ist verdammt. Erlösung zu früh überstürzt vor der

13

Zeit und vor dem Ende der Zeit. Zeit vor dem Ende der Zeit. Vorzeit der Erlösung, vorzeitige Erlösung und ein Erschrecken als wäre. Als ob es das nicht gäbe. Als ob sie nicht kämen, in der Nacht, wenn wir schlafen. Wake up! Wake up! Man muß sich das so vorstellen, ungefähr, ein Wispern, so leise ganz laut, laut. Ein leises Flüstern nah, ganz nah am Ohr, eine Stimme, nur diese eine Stimme

\*

Vater, siehst du denn nicht, daß ich verbrenne?

\*

Ein Unfall, im Schwarzwald, in der Nähe von „Freudenstadt", ausgerechnet. Auf einer Straße, irgendeiner. „Seine Schuld", an der falschen Stelle überholt, der PKW, Gegenfahrbahn. „Thomas ist tot." Ins Bett gekrochen dann wie geprügelte Kinder. Aneinandergeklammert wie Tiere in böser Nacht. In einen Schlaf gefallen wie betäubt. Traumlos

\*

Als hätte Kafka, der schlaflose Träumer Kafka diesen Traum erzählt, nicht wahr? Diesen Traum und seine Geschichte, den Schauplatz und seine Installationsbedingungen. Die Personen des Dramas: eine eigenartige Trias, deren Verhältnis ebenso klar wie einfach zu sein scheint und das zugleich immer komplizierter wird, je länger man darüber nachdenkt. Dramatis personae: der Wächter, der Vater, das Kind. Und – das Feuer. Welches Feuer? Und wo? Wo brennt es? Wer brennt? Die Leiche? Das Kind?

Freud nennt diesen Traum einen „vorbildlichen". Seine Erklärung zugleich sei „einfach genug". Der Vater nahm, noch während er schlief, den Lichtschein des Feuers wahr und realisierte das Geschehen. Wohlgemerkt, im Schlaf. „Mein Kind brennt." Das Kind/die Leiche. Daran gibt es nichts zu deuten. „Und nun", schreibt Freud, „stoßen wir auf diesen Traum, welcher der Deutung keine Aufgabe stellt, dessen Sinn unverhüllt gegeben ist". Die Grenzen der Traum-

14

deutung: ein Traum, bei dem es nichts zu deuten gibt, der keinen geheimen Sinn verbirgt, der die Opposition Manifest – Latent implodieren läßt: das Kind/die Leiche. Vorbildlich, seltsam genug, aber ist dieser Traum für Freud genau deshalb. Jenseits der Traumdeutung verweist er neben der in der „Traumdeutung" in extenso explizierten Funktion des Traumes als „Wunscherfüllung" auf eine zweite, bislang, d.h. bis zu diesem siebten Kapitel, unausgewiesene Funktion. Freud resümiert: „Nach Beseitigung alles dessen, was die Deutungsarbeit angeht, können wir erst merken, wie unvollständig unsere Psychologie des Traumes geblieben ist."

Andernorts kennzeichnet Freud diese zweite Funktion des Traumes als „Hüter des Schlafes". Andernorts – denn nach dem eben zitierten Satz brechen die Gedanken zum Traum des brennenden Kindes/der Leiche abrupt ab. Der folgende Abschnitt wendet sich reflexiv auf den bisherigen Gang der „Traumdeutung" zurück. Alles, bemerkt Freud, was bisher, bis zu diesem siebten Kapitel gesagt und ausgeführt worden sei, war klar und deutlich, doch nun, ab jetzt, beginnt ein anderes Kapitel. Das siebte Kapitel: von nun an geht es vom Hellen ins Dunkle. „Bisher haben alle Wege, die wir gegangen sind, wenn ich nicht sehr irre, ins Lichte, zur Aufklärung und zum vollen Verständnis geführt; von dem Moment an, da wir in die seelischen Vorgänge beim Träumen tiefer eindringen wollen, werden alle Pfade ins Dunkel münden."

Das siebte Kapitel: als wäre der Traum des brennenden Kindes/der Leiche eine Art Eingangspforte zu diesen Pfaden ins Dunkel, ein Nadelöhr, das passieren muß, wer „tiefer" eindringen wolle. Genau der Traum, dieser einzigartige und von allen in der „Traumdeutung" bislang entfalteten Mustern so signifikant abweichende Traum des brennenden Kindes/der Leiche, der keinen verborgenen Sinn aufweist, der nichts verheimlicht und verschleiert, partout dieser Traum markiert den Eingang ins Dunkel der „Traumdeutung". Als wäre er der Türhüter, der Wächter dieses Dunkels. Anubis: Wächter vor dem Reich der Toten.

*

Traumlos geschlafen. Mehr nicht. Alles andere vergessen. Wie sie erwachten, aufstanden, den Tag begannen, was sie sagten, was sie taten. Er weiß es nicht mehr. Wie das Leben einfach so weitergeht, als wäre nichts geschehen. Impertinent, banal, vulgär. Einfach so. Das „Leben". Nach dem Tod. Überleben. Ein seitdem Überlebender seitdem, immerhin. Das Recht der Toten und der Lebenden

*

Feuer. Es brennt. Lichterloh. Feuer! Es brennt! „Vater, siehst du denn nicht, daß ich verbrenne?"

Lacan nennt diesen Satz eine „Fackel".[2] Eine Fackel, ein Satz, der allein Feuer lege an alles, „worauf er fällt". Man muß hier genau, pedantisch lesen, wie immer. Lacan sagt nicht, dieser Satz sei *wie* eine Fackel. Nein, der Satz, er selbst, er ist eine Fackel, so heißt es. „Dieser Satz ist eine Fackel – er allein legt Feuer an alles, worauf er fällt ..."

*

den Feinden ausgeliefert, den Vögeln, den giftigen, irgendwo, kleine schwarze Punkte irgendwo am Himmel, irgendwo. Die Vögel sind die Feinde der Toten. Die Vögel. Irgendwann wird Antigone ihren Bruder Polyneikes wider die ausdrückliche Weisung König Kreons, wie man weiß, beerdigen. Sie wird ihn vor den Vögeln schützen, denen der Tote, die „teure Leiche", schutzlos ausgeliefert ist. Der unbeerdigte Tote. Ein Skandal! Eine Obszönität! Das Fleisch, das nackt den Vögeln zum Fraß, den Vögeln, dort oben, sieh nur, sieh! Wie sie kreisen, warten, kreisen die Vögel, dort oben dort.

„Zwischen zwei Toden", so Lacan: zwischen dem Tod als absoluter, physischer Vernichtung und dem Tod als symbolischem. Totenwache. Daß es diese zwei Tode gibt, wenigstens die Möglichkeit dieser zwei Ordnungen des Todes und den Tod zwei oder den zweiten Tod, man hat es immer gewußt, zumindest geahnt. Geahnt

vielleicht wie Achill, der, nur kurz nachdem er den Leichnam des von ihm getöteten Hektor – rasend vor Wut und Haß, voll Zorn, wie man ihn kennt, die Wut auf den, der Patroklos keine Chance hatte der niedermachte, erschlug – der also Hektors Leiche schändete, um dann gemeinsam mit Priamos, Hektors Vater, um Hektor weint. Ja, richtig gehört: Achill weint mit Priamos am von ihm verstümmelten Leichnam Hektors um Hektor. So war das steht es geschrieben rot und schwarz.

Achill weint. Achill, Held Hölderlins Held, ausgerechnet der. Wie ein Kind. Wunderliches Bild, abstrus, verstörend, betäubend: die Tränen Achills. Die Tränen Rambos: First Blood. Not at all. Erste Tränen feinaufgerissener Lider. Instantane Defloration geweitet die Pupillen. Nichts übrigens, gar nichts deutet auf jenen Gesinnungswandel Achills hin, nichts bereitet ihn vor. Er kommt völlig unerwartet, jäh, wie ein Bruch in der Psychologie der Charaktere. Vielleicht, weil es gar keine Psychologie der Charaktere gibt und keinen Wandel, schon gar keinen Gesinnungswandel (ist ein ungriechischeres Wort als „Gesinnung" überhaupt denkbar?)

*

„Gibt es ein Leben nach dem Tod?" Eine interessante Frage, weil man sie stellt, überhaupt stellt und überhaupt so stellt. Weil man so tut, als ob schon ausgemachte Sache wäre, auf was die Frage eigentlich abzielte. Eine interessante Frage deshalb, weil man sie stellt, ohne daran zu denken, im mindesten daran zu denken, daß Leben vielleicht gar nichts anderes ist als Leben-nach-dem-Tod, nicht wahr? Als gäbe es eine Art kollektives Präjudiz über den Sinn, wie diese Frage zu verstehen sei, in welche Richtung sie zielte und auf was sie hinauswollte. Als gäbe es einen allgemeinen, uneingestandenen und unausgewiesenen Fragehorizont, ein allgemeines Vorverständnis, eine Vor-Frage über den überhaupt möglichen Sinn einer überhaupt möglichen Antwort. Als wäre es selbstverständlich, schlechthin selbstverständlich, daß immer dann, wenn vom Tod die Rede ist, es um „meinen" Tod geht, um die „Jemeinigkeit" meines Todes.

Welcher Tod ist mein Tod? Und welcher Tod überhaupt geht mich an?

Vorlaufen zum Tode, meinetwegen. Aber wo steht geschrieben, daß der Tod, eine Art unmögliche Möglichkeit, wie Heidegger sagt, genauer: die „Möglichkeit der schlechthinnigen Daseinsunmöglichkeit" oder die „eigenste, unbezügliche, unüberholbare Möglichkeit",[3] auf die hin ich mich entwerfe, „eigentlich" entwerfe, wo steht

17

geschrieben, daß genau das und nichts anderes, punktum, „mein"
Tod ist? Und überhaupt: „mein" Tod, den, so behauptet man jedenfalls, ich allein und nur ich sterbe. Jeder stirbt für sich allein.
Behauptet man. Doch das Für-sich-Sterben, wenn man es so nennen
will, ist womöglich eine Abstraktion, eine ebenso notwendige wie vor-
läufige Abstraktion. Abstraktes Vorlaufen zum Tode? – Heidegger
wäre, wenn auch nur für einen kurzen Moment, konsterniert. Für
einen kurzen Moment würde er zögern, stutzen, etwas verdattert vor
sich hinblicken, vielleicht aufschauen, den Blick heben, aus dem Fenster schauen und dann – würde ihm schon die entsprechende Antwort einfallen.

Konsterniert, weil das „Vorlaufen zum Tode" das eigentlich Konkrete überhaupt ist oder sein soll. Das Konkrete oder, wie Heidegger
sagen würde, die Möglichkeit des Ganzseins des Daseins. Als diese
Möglichkeit wirft er das Dasein auf sich zurück, vereinzelt der Tod,
aber nur, um als unüberholbare Möglichkeit das „Dasein als Mitsein
verstehend zu machen für das Seinkönnen der Anderen." (ebd. § 53,
S. 264) - Nun gut. Doch sieht man nicht schon hier, gleichsam auf
den ersten Blick, eine gewisse Rangordnung, eine Nachträglichkeit,
mit der das „Seinkönnen der Anderen" die Szene betritt? Oder nicht?
Und ihr „Seinkönnen", ist es gleichbedeutend mit ihrem „Ster-
benkönnen"? Und wie, Martin Heidegger, wie steht es mit ihrem
„Sterbenmüssen"? Sind die Anderen nicht die, die sterben müssen?
Wie steht es um dem Tod des Anderen?

Nun, wie dem auch sei, man wird das „Sein zum Tode" nicht leicht-
fertig abtun können. Immerhin, Heidegger räumt dem „Tod" und
dem „Vorlaufen zum Tode" innerhalb der formalen Komposition von
„Sein und Zeit" – und nicht nur dort – eine zentrale Position ein;
immerhin weiß er um die Unmöglichkeit, das, was ist, zu denken,
ohne den Tod als solchen und den Menschen als Sterblichen zu
denken. Während man oft derzeit vom „Anderen" redet, vom
„Anderen" als dem Du, dem Alter Ego, dem ich die Anerkennung
schulde, die er seinerseits mir schuldet, Anerkennung oder guthege-
lisch „Liebe" im Bewußtsein einer allgemeinen Zirkologie wechsel-
seitig verbürgter Anerkennungsverhältnisse, während Andersheit
hoch im Kurs steht, die des Anderen und meine eigene, während
unermüdlich ermüdend viel von Gespräch die Rede ist, von Dialog

18

und kommunikativer Kompetenz und interaktiver Rationalität und und und, während fleißig ersessene Bücher und Bücher über Bücher produziert werden, die den „Anderen" zum Thema zu erheben und Heidegger, ausgerechnet Heidegger die Anathematisierung dieses Themas vorzuhalten wagen, vergißt man schlichtweg – mon Dieu! –, vergißt man, daß der Andere derjenige ist, der stirbt. Der Andere stirbt. Er stirbt, er ist gestorben, und er wird sterben. So ist das! Meine Herren!

Der Andere stirbt

*

Erinnere mich nicht an das Grab, nicht an den Grabstein. Gab es einen Grabstein? Eine Inschrift? Ich habe das Grab, sein Grab, nie wieder besucht, niemals wieder. Ich weiß nicht einmal, warum, nicht, wo es liegt. Nicht einmal das. Epitaph

*

„Gibt es ein Leben nach dem Tod?" Oder: „Gibt es überhaupt etwas anderes als ein Leben nach dem Tod?"

Bei alledem läßt sich die Frage, die Heidegger nicht einmal im Traum, und dort schon gar nicht, eingefallen wäre, nicht mehr vermeiden, die Frage also, zu welchem Tod ich vorlaufe, auf welchen Tod hin ich mich entwerfe und welcher Tod überhaupt mein Tod ist. Gibt es ein Vorlaufen zum Tode als dem anderen? Vorlaufen zum anderen Tod?

Eine These, ein Thesenexperiment: Es gibt so etwas wie ein Vorurteil, ein weitreichendes, mächtiges und uraltes Vorurteil, vielleicht zweitausendjähriges Vorurteil, eine Verengung des Fragesinns gleichsam, eine Restriktion der Frage nach dem Tod auf „meinen" Tod. Das große abendländische Vorurteil, die große abendländische Vor-Frage zielt auf „meinen" Tod und die Priorität „meines" Todes vor dem Tod-des-Anderen. Der andere Tod gilt als sekundär, abgeleitet, man könnte fast sagen, empirisch – im Gegensatz zu dem Tod, den ich allein, behauptet man, allein sterbe. Noch Heideggers „Vorlaufen zum Tode", Lévinas,[4] wer sonst, hat ja völlig recht, bewegt sich und orien-

19

tiert sich unausgewiesen im Rahmen und im Horizont der abendländischen Vor-Frage nach dem jemeinigen Tod: „Thanato-Ego-Logik".

Ein Programm: Subjektivität nicht länger im Ausgang einer „Selbsterhaltung" definieren, deren Vollzug sie dementiert; und auch nicht im Ausgang einer Sterblichkeit, die die „Sterblichen", so heißt es, „vermögen"; nicht als „Dasein", so verlockend das vorab klingen mag, um eine Aporie zu unterlaufen, die dem Selbsterhaltungs-Subjekt hinter seinem Rücken oder auf seinem Rücken je schon eingeschrieben zu sein scheint; sondern: Subjektivität im Ausgang der Bestimmung des „Überlebens" denken: das Subjekt als dasjenige, das überlebt hat und überleben wird und das mit diesem trostarmen, jederzeit gefährdeten und ungerechtfertigten Vorrecht des Überlebens und Überlebthabens lebt – genauer: dessen *Leben überleben ist*

\*

Das Kind/die Leiche. Daran gibt es nichts zu deuteln? Ausgerechnet daran? Traum des brennenden Kindes/der Leiche. Nichts zu deuten? Wirklich nicht? Was ist wirklich, was imaginär? Ist die Leiche wirklich oder das Kind, das brennt? Brennt das Kind oder die Leiche? Ist eine Leiche wirklich? Was ist eine Leiche? Was ist die Realität der Leiche/des Kindes?

Lacan spricht von Realität,

\*

Mag sein, daß ich, wer immer das auch sein mag, daß ich „ich", ICH meinen Tod, daß ES seinen Tod vermag, nolens volens, den einen Tod, „meinen" zu sterben, Epikur, meinetwegen, die Stoa meinetwegen und all die mortalen Exerzitien von Erfolg gekrönt zuletzt. Ars moriendi. Der letzte Sinn der Philosophie wäre tatsächlich als ego-thanatale Praktik zu beschreiben. Ist doch auch schön, nicht wahr, so ganz ohne Theater, einfach so, zu gehen, ohne Firlefanz und Keuchen und Röcheln und Schreien Atemnot bläulich ganz fahl Gesichtsverdunstung, ohne all das. Wäre doch schön. Einübung in den Tod. Die „Sterblichen" meinetwegen aber wer stirbt aber? Den Tod

20

vermögen welchen aber? Welcher Tod ist der, den ich vermag, nolens volens, wenigstens vermögen kann oder könnte, wenn ich nur, nolens volens, wollte oder, auch das, das Nichtwollen wollte?

Poststoaische Frage: Welchen Tod vermag ich und welchen Tod vermag ich nicht?

*

Lacan spricht von Realität, von „mehr Realität" genaugenommen, die im Satz des brennenden Kindes/der Leiche sei. Und er spricht von einer „réalité manquée", einer versäumten Realität. Mehr oder weniger real: die „psychische Realität", die, so Lacan, in dem Satz, jenem Satz des brennenden Kindes/der Leiche, zum Ausdruck komme: es ist die, mit anderen Worten, vom Tod des Anderen, die Realität seines Todes, der mein Tod ist, ganz und gar mein Tod, den ich überlebe und der mich zu überleben heißt, der mich zu einem Überlebenden macht. Lacan spricht von einem „Kniefall vor der versäumten, der verfehlten Realität", die dieser „dergestalt fortgesetzte Traum" sei, sozusagen. Sozusagen, die Wieder–holung des Anderen im Traum, jenseits einer Welt, der Welt, in der er mir – auf immer und immer – verweigert wird. „Was für eine Begegnung", fragt Lacan, „sollte mit diesem auf immer leblosen Wesen – gar wenn es von Flammen verschlungen – noch möglich sein, wenn nicht die, die just in dem Augenblick stattfindet, in dem das Feuer durch einen Unfall, wie durch Zufall, es erfaßt?"[5]

*

Ein Grundsatz: ich vermag den Tod des Anderen, sein Sterbenmüssen, *nicht.*

*

„Gibt es ein Leben nach dem Tod?" Die Frage ist interessant deshalb, weil sie implizit die abendländische Vor-Frage transportiert, weil sie, schaut man genau hin, das thanato-ego-logische Vorurteil denunziert. Es wird mir immer zweifelhafter, immer fragwürdiger, immer

21

prekärer. Erlösung vom Tode, meinetwegen. „Was darf ich hoffen?"
Kants Frage, die inwendig vor allem, wenn auch nicht nur, mit der
nach dem „Wesen des Menschen" verschwistert ist, birgt, so hoffe ich,
in sich schon die Frage, für wen ich hoffen darf. Für wen hoffe ich,
und für wen darf ich hoffen? Wer ist der Adressat, der legitime Adressat der Hoffnung? Ich meine nicht irgendeine Hoffnung, nicht etwa
die intelligible einer Versöhnung von Pflicht und Glückseligkeit – ein
bewunderungswürdiger Gedanke allemal -, sondern die äußerste, die
absolute Hoffnung: die Hoffnung auf Erlösung vom Tode. Die
Hoffnung mithin, die Kant, von dem niemand wissen kann, ob er
jemals betete, nicht einmal auszusprechen wagte. Diesseits und jenseits zwischen Buchstabe und Geist:[6] Für wen darf ich beten? Anders
gesagt: für wen darf ich hoffen?

*

Kindertotenlied, Zeit es ist Zeit zu singen endlich ein Lied singen,
leise, sacht ganz leise, damit man es nicht damit niemand es höre,
niemand überhaupt, ein Lied für ein Kind vor seiner Zeit. Zeit vor
seiner Zeit. Kindertotenlied im Krematorium eines unmöglichen
ganz unmöglichen ganz und gar unmöglichen Gedenkens einer
Totenwache ohne Tod. Ein Kind brennt lichterloh brennt ohne
Feuer. „Kinderkrematorium" unserer Träume

*

Don't stand so close to me

*

Infernalische Visionen, Bilder der Hölle, Schattenbilder der Höhle,
Höllenhöhle: „Ihr, die ihr eintretet in die Hölle, lasset alle Hoffnung
fahren."

*

Don't stand so, don't stand so, don't stand so close to me

22

*

„Ihr, die ihr eintretet in die Hölle, lasset alle Hoffnung fahren."

Es gibt eine Korrespondenz zwischen diesem Satz, diesem letalen Imperativ, der sich dem Gedächtnis, hat man ihn auch nur ein einziges Mal, wie beiläufig, vernommen, unauslöschlich einschreibt, eingraviert, sich, wie ein Siegel in das warme Wachs, eindrückt. Und einer anderen Sentenz von nicht minderer Schlichtheit und Prägekraft. Eine geheime, unterirdische Korrespondenz über einen Zeitraum von sechshundertfünfzig Jahren hinweg. Ein Echo und das Echo eines Echos. Es gibt eine Korrespondenz zwischen zwei Toten, und ich, „ich" bin, hier und jetzt, ihr Adressat. Es gibt eine Korrespondenz zwischen Benjamin und Dante.

*

Eine Stimme, nah, ganz nah am Ohr, raunende Stimme. Im Traum. Ein wahrscheinlich kurzer Traum, wenn überhaupt je es möglich sein sollte, Träumen eine Dauer zuzuweisen. Warum aber träumt der Vater? Warum überhaupt? Schließlich nimmt er – im Traum – wahr, was geschieht. Warum erwacht er nicht augenblicks? Und warum andererseits erwacht er dann überhaupt? Warum überhaupt diese Verzögerung, dieses Zögern, diese Dehnung, diese Extension, die den Raum des Traumes ausmißt und erschließt?

Eigenartige Gegenstrebigkeit der Intentionen: da träumt einer, um nicht erwachen zu müssen, träumt und wieder-holt im Traum den, der ihn erwachen heißt. Was heißt erwachen?

Die Schuld des Schläfers, des Träumers: „Vater, siehst du denn nicht, daß ich verbrenne?" Was soll das heißen, wenn nicht: „Wach auf! Schlafe nicht!" Und vor allem: „Du kannst die Totenwache nicht einfach delegieren, du kannst nicht einen anderen an eine Stelle delegieren, die deine ist, die du einnehmen mußt, die du einnimmst. Denn ich, Vater, hör zu, ich bin dein Toter, du bist verantwortlich, Vater, für deinen Toten, für deinen Tod."

Freud: immerhin kehrt im Traum dem Vater das Kind, das tote, wieder. Wunscherfüllung und Hüter des Schlafs – wie eine Erlösung vom Tode. Vom Tod des Anderen. Ein Vorfall der Erlösung, nennen wir es einmal so, eine Prolepse,[7] die einen Traum wahr werden läßt. Oder nicht?

Wunscherfüllung: Träume werden wahr, oder nicht? Die Tage abkürzen, einfach abkürzen,

\*

Gotthold Ephraim Lessing, geliebter Lessing, bezugnehmend auf eine Strophe aus Homers Ilias,[8] entwickelt in einem eher ungewöhnlichen Text den Gedanken der „Schönheit" des Todes. „Die alten Artisten" – er meint die griechischen Meister – „stellten den Tod nicht als ein Skelett vor: denn sie stellten ihn, nach der Homerischen Idee, als den Zwillingsbruder des Schlafes vor, und stellten beide, den Tod und den Schlaf, mit der Ähnlichkeit unter sich vor, die wir an Zwillingen so natürlich erwarten."[9]

Vor allem wehrt er sich gegen dessen „häßliche" Darstellung, wie sie seit längerem – genauer, seit zweitausend Jahren, und das ist, zumindest in Europa, kein Zeitraum unter anderen –, etwa in den Allegorien des Sensemanns oder des Gerippes gang und gäbe sei. „Gleichwohl", schreibt Lessing, sei es gewiß, „daß diejenige Religion, welche dem Menschen zuerst entdeckte, daß auch der natürliche Tod die Frucht und der Sold der Sünde sei, die Schrecken des Todes unendlich vermehren mußte." (Lessing, S. 462) Das Dilemma ist offensichtlich: wie wird man einer Religion die Treue halten können, die „unsere" ist und zugleich uns vom Ideal des Schönen und des schönen Todes so weit entfernte? Wie läßt sich die Präferenz für das heidnisch-griechische Schöne mit der Autorität des Christlichen in Einklang bringen?

Eine Frage der Loyalitäten. Um sich aus der Bredouille zu ziehen, entwickelt Lessing ein etwas merkwürdiges Argument. „Da jedoch eben dieselbe Religion uns nicht jene schreckliche Wahrheit zu unserer Verzweiflung offenbaren wollen; da auch sie uns versichert, daß der Tod der Frommen nicht anders als sanft und erquickend" – angesichts des Kreuzestodes Christi und der immensen Bedeutung des Martyriums, des Leidens überhaupt eine sicher verblüffende Bemerkung – „als sanft und erquickend sein könne: so sehe ich nicht, was unsere Künstler abhalten sollte, das scheußliche Gerippe wiederum aufzugeben, und sich wiederum in den Besitz jenes besseren Bildes zu setzen. Die Schrift selbst redet vom Engel des Todes: und welcher Künstler sollte nicht lieber einen Engel, als ein Gerippe bilden wollen?" (Lessing, ebd.)

Ja, welcher Künstler wohl? Gesetzt, ein Engel ist schön. Gesetzt, der Schlaf, Bruder des Todes, ist friedvoll und ohne Schrecken. Der schöne Tod, die Ästhetik des Todes? „Jeder Engel ist schrecklich"[10], und die Frage, die Lessings Text in sich birgt wie auch verbirgt, lautet: wie kommt der Schrecken in den Tod? Ego-Thanato-Logik: Um welchen Tod geht es, der seit zweitausend Jahren der schreckliche ist, der häßliche Tod?

*

Schreckliche Engel/Anubis - Hüter des großen Todes

*

Die Tage abkürzen, einfach abkürzen, den Vorhang vorziehen, den Tag zur Nacht machen und schlafen, träumen, schlafen. Der Sohn des „Helden von Solferino", der alte Mann, dessen Sohn seinerseits, der Carl Josef, ihn, ausgerechnet ihn, den Unsoldatischen, erwischte die Kugel, im Krieg, dem sogenannten ersten, den weltersten. „Trink, Papa, du hast Durst!" Den Tag zur Nacht machen und träumen, schlafen, träumen. Daß der Sohn wiederkehrt, jede Nacht, jeden zur Nacht gemachten Tag. Radetzkymarsch. Lange bevor er Freuds „Traumdeutung" in der Hand hatte, erschütterte ihn diese Geschichte, entsetzte sie ihn auf eine schwer faßliche Weise. Die Geschichte eines Vaters, den Tag zur Nacht machend, um jede Nacht von seinem Sohn zu träumen. Wieder-holung und das Ritual der Verneinung: jede Nacht kehrt er ihm wieder. Tagesverneinung und der Wunsch dieser. In-der-Welt- und Jenseits-der-Welt-Sein: jenseits all dessen, das uns verbürgt, hier und da zu sein, das uns unser Dasein verbürgt, die schiere Existenz, das Leben, das nackte, Leben.

„Trink, Papa, du hast Durst!" Die Sätze der Toten, Feuer/Wasser, die Sätze der Toten, die durstigen Väter, alle, mit brennenden, mit niederbrennenden Herzen lichterloh. War is over. Für den Herrn von Trotta jedenfalls. „Sein Sohn war tot. Sein Amt war beendet. Seine Welt war untergegangen."

∗

Totentanz, Bruder gelebterniegelebter, auf dieser Erde tanzen für eine kleine Weile nur, tanzen. Eine Kirche tanzt. Hat es jemals eine Kirche gegeben, die tanzt?

∗

„Trink, Papa, du hast Durst!" Die Sätze der Toten, erlöst sei er gewesen, erzählte sie mir, bei Tisch, weiß im Gesicht und tot, mausetot, das sei evident gewesen, mausetot und - erlöst der Vater erlöster

∗

Tagesverneinung und der Wunsch, dieser. Dritte Funktion des Traumes: Hüter des kleinen Todes. Hüter der kleinen Erlösung. Doch wehe dem, dessen Wünsche in Erfüllung gehen, Urwaldtarzan! Die dunkle Seite der Prolepse, die finstere, dunkle und böse Seite: der Wunsch, der sich erfüllt, ist die Vernichtung. Die Erlösung vom Tod ist der Tod.

∗

Das Recht der Toten und der Lebenden: Totenwache

## 2

Die Zeit ist lang. Nichts Wahres. Überhaupt nichts.

*

Confusion will be my epitaph

*

„Lange Zeit, bevor sich das zutrug, viele Jahrzehntausende früher, lebten die Neandertaler auf Erden, ein urtümliches Übergangsgeschlecht zum heutigen Menschen, dem Homo sapiens sapiens. Sie fristeten ihr Dasein mit dem Einsammeln von Wildvegetabilien, Früchten, Pilzen, Insekten und Jagd. Eine Gruppe im heutigen südlichen Kurdistan hatte einen Krüppel in ihrer Mitte. Sein rechter Arm, infolge einer Unterentwicklung der Schulterpartie gebrauchsuntauglich, war ihm oberhalb des Ellenbogens amputiert worden. Das bedeutete unter den damaligen Lebensumständen, daß er von den Seinen mitunterhalten werden mußte. Das geschah offenbar über viele Jahre hin. Getötet hat man ihn jedenfalls nicht. Er kam vielmehr durch einen Unfall zu Tode, dessen Ursache vermutlich ein Erdbeben war. Ahnungslos bei seiner Feuerstelle im Inneren einer Höhle beschäftigt, wurde er von einem Teil plötzlich herabstürzenden Deckengesteins erschlagen. Was von seinem Leichnam noch sichtbar war, schichteten Angehörige seiner Gruppe sorgfältig mit Geröllbrocken zu, um sein Grab zu schließen.
    Obenauf aber legten sie bündelweise blühende Malven, Lichtnelken und Traubenhyazinthen, das Todesgestein überschüttend mit einem Meer vielfarbig leuchtender Blumen, deren Blüten ein aroma-

tisch-würziger Duft entstieg und sich über dem Grabmal ver-
strömte."[11]

*

Confusion. Längst nicht mehr sicher. Confusion my epitaph.
Epitaph: das ist vor allem dieses „my", mein, le mienne, das Meine
oder die Meinigkeit, das jedenfalls, was, oder genauer, wer ich bin.
Auf die Frage, egal von wem oder wo auch immer gestellt, in welcher
Situation, antworte ich ganz einfach, fast banal, noch vor irgendwelchen metaphysischen Komplikationen, glaubt man jedenfalls,
antworte ich gewöhnlicherweise mit meinem Namen. Ich heiße. My
name is. Je m'appelle. Ganz einfach. Was gibt es da auch zu fragen.
Schauen Sie doch in meinen Paß, carte d'identité, scannen sie meine
Gene. Da steht es. Schwarz auf weiß. Ich heiße. Ich bin, hören Sie gut
zu, ich bin der und der. Verwechseln Sie mich vor allem nicht!
  Epitaph - das ist mein Name, das bin ich als mein Name. Weil ich
einen Namen trage, weil ich ein Name bin, habe ich meinen Tod
nicht, ist mein Tod den Anderen (dativus possesivus). Mein Name ist
Epitaph. Voilà: Theorie des Eigennamens: ich ist ein Überlebender,
der von seinem Namen überlebt werden wird, worden ist, immer
schon ist. In meinem Namen nistet mein Tod als ein anderer.

*

Kein Grabstein, kein Name. Auf dem Grab meines Vaters war kein
Grabstein. In nomine patris. Ich weiß es. Ich

*

mein Tod als ein anderer. Kann man also überhaupt noch von
Eigennamen sprechen? Vom Eigenen des Namens, der Eigenheit
und Zueigenheit des Namens selbst? Say yes or no!
  Derrida, dem schon in seiner Diskussion über einen Passus aus
Lévi-Strauss' „Traurige Tropen" das „Eigene" des Eigennamens sus-
pekt wird,[12] entwickelt Jahre später (und man vernimmt unschwer
darin das Echo seiner bemerkenswerten Nietzsche-Lektüren, die sich

nicht zuletzt um die „Politik des Eigennamens" drehten) den Gedanken der Zukünftigkeit des Eigennamens: „weil das Eigene eines
Eigennamens immer zu-künftig bleiben wird".[13] Und „geheim"
(ebd.), bemerkt Derrida sogleich. Wie wird man diese geheime
Zu-künftigkeit des Eigennamens auf den „anderen Tod" beziehen
können? Kann man das überhaupt?

Say yes or no! Derrida, wie immer, er wird sich dem Entweder-Oder
entziehen, dem Kierkegaards übrigens nicht minder wie dem
Lyotards. Dem Urteil, der finalen Instanz eines Urteils und vielleicht
auch einer gewissen Eschatologie, einer gewissen Derrida ganz fremden Eschatologie des ganz-Anderen. Wie auch immer, um die Frage
mit oder ohne Derrida bearbeiten zu können, wird man jedenfalls
das Motiv des „Eigennamens" um das der „Unterschrift/Signatur"
erweitern müssen. Um das mindeste zu sagen. Und zu schreiben,
gegenzuzeichnen, zu paraphieren: ich, „ich" bin, ich heiße, man
nennt mich, man hat mich genannt, gerufen, man wird mich, und
deshalb, mit diesem Namen, Tintenspur auf rissigem Papier, unleserlich, meine Unterschrift, oder, Oder

\*

„Von ihm habe ich nur noch den Füller."

\*

Wie wird man diese geheime Zu-künftigkeit des Eigennamens auf
den „anderen Tod" beziehen können? Kann man das überhaupt?
Wenn man das kann, mit oder ohne Derrida, dann nur unter der
Bedingung, daß die ursprüngliche oder – wie Lévinas sagen würde –
an-archische Enteignung des Eigennamens die des je meinigen
Todes impliziert – et vice versa. „Mein" Tod ist so wenig „mein" Tod
wie „mein" Name: Aliénation fundamentale

\*

Die Toten altern nicht. Das ist ihr Privileg. Das Bild des Toten im

Herzen, das ihn nicht ertragen kann, nicht will, nicht kann. Das Altern im Gesicht des Anderen: „Ich sterbe". Ja, auch ich

*

Ich habe es gesehen. Nur ein kleines Kreuz aus einer Art Blech oder Aluminium. Ich erinnere mich, daß wir früher, das ist lange her, ich war vielleicht um die sieben, acht Jahre alt, sein Grab manchmal besuchten, sonntags. Der Himmel? Ja, durchaus, er spielte eine gewisse Rolle. Dort oben, „im Himmel", da sei er jetzt, der Vater, sein Vater, so sagte man ihm das, vor dem Grab stehend. Grab/Himmel – unten/oben: ihn hatte das immer etwas verwirrt, nicht nur theologisch, schon die motorische Navigation, Kopf hoch, Kopf runter, machte ihn allmählich schwindelnd. Confusion. Wo ist er, wo? Dort unten, dort oben? Grab/Himmel? „Im Himmel", wo auch sonst, ganz klar, jedenfalls sagten das die Schwestern, die sich, weiß der Himmel, über seinen Tod, sein Sterben, sein elendes Siechtum die Augen leergeweint haben dürften. „Im Himmel" – Mutter sprach davon nur selten, eher widerwillig, zumindest glaube ich das heute. Ihr,

ihr waren diese Dinge eher zuwider, „katholisch", Hokuspokus eben. Man hat die Toten, seine Toten im Herzen, nirgends sonst. Nur dort, ganz allein mit seinen Toten. Kein oben/unten, sondern innen. Übrigens, man muß das wohl kaum erwähnen, auch Gott. Die „unsichtbare Kirche", von der Kant sprach, für meine Mutter war sie nicht einmal mehr Kirche. Gott im Herzen, nirgends sonst.

ihr waren diese Dinge eher zuwider, „katholisch", Hokuspokus eben. Man hat die Toten, seine Toten im Herzen, nirgends sonst. Nur dort, ganz allein mit seinen Toten. Kein oben/unten, sondern außen/innen: ganz außerhalb in mir. Verschiebung der horizontalen zur vertikalen Schnittlinie: „ganz innen, ganz außen", sagt Meister Eckhart in einer seiner maßlosen Predigten einmal, Meister Eckhart, Meister des „Fünkeleins", dieses Un-Orts im Herzen, im Innersten meiner selbst, wo ich, ausgestrichen,

ganz außerhalb meiner selbst bin. Ganz innen, ganz außen. Übrigens, man muß das wohl kaum erwähnen, mit meinen Toten oder mit Gott, wenn das denn hier tatsächlich einen Unterschied machte. Einen Unterschied allerdings, einen ums Ganze, um den Unterschied zwischen dem Ganzen des ganz-Anderen und dem Anderen, der ist, der einmal war, der einmal gewesen sein wird. Gott aber ist nicht. Gott.

wo ich, ausgestrichen, oder, wie Simone Weil sagen würde, „ent-schaffen" bin. Das „Ich des vollkommenen Menschen", der „Geist", er sei, so Weil, „das ent-schaffene Ich".[14]

*

nie geweint am Grab meines Vaters. Die schwarzen Tränen nie geweint, die schwarzen

*

„Im Himmel", wo auch sonst, ganz klar, jedenfalls sagten das meine Schwestern, die sich, weiß der Himmel, über seinen Tod, sein Sterben, sein elendes Siechtum die Augen leergeweint haben dürften. „dürften" - allerdings, denn ich kann mich, wenn ich nachdenke, überhaupt nicht daran erinnern, nicht an seinen Tod, sein Sterben, noch daran, daß irgend jemand weinte, trauerte, verzweifelt war und schrie. Nein, daran erinnere ich mich nicht. Ich weiß gar nichts davon, glaube Sie mir, bitte, Sie müssen mir glauben. Ich weiß es nicht. Wie betäubt

*

en larmes noires comme trace d'encre[15]/mit schwarzen Tränen wie eine Tintenspur/als Tintenspur/mit schwarzen Tränen, Spur der Tinte/Tintenspur: also weiß ich nicht, ob ich nie am Grab meines Vaters geweint habe, oder ob ich nie etwas anderes tat als am Grab meines Vaters zu weinen oder zu weinen hier am Grab oder nicht, nicht hier, anderswo, immer wieder und wieder und wieder

*

Wie betäubt – und doch. Ich erinnere mich, ja, daß dieser Tod, dieser fremdeste aller Tode, dieser mir unendlich ferne Tote, einmal, ein einziges Mal eine Art Schmerz bereitete, einen seltsam entrückten, fast intelligiblen und doch mächtigen, physischen Schmerz, ein Leiden vielleicht, wenn es denn gedauert hätte und nicht, wie es kam, verschwand: im Nu. Dann etwas unerwartet, einer meiner Lehrer, ich weiß noch den Ort, in der kleinen Pause zwischen den Schulstunden, obwohl wir uns nicht auf den Gängen herumtreiben durften, streng untersagt, aus irgendeinem Grunde hielt ich mich wohl doch dort auf, auf dem Gang, jedenfalls traf ich auf einen meiner Lehrer, der Rektor zugleich, den alle fürchteten, alle, der schon einmal, „wenn es denn sein muß“, so sagte man das, prügelte – und die bemerkenswerten Szenen, nie vergessen, denen alle, die ganze Klasse, beizuwohnen hatten, waren

bemerkenswert, obschon dieser angstdünstende Koloß mich nie „drangekriegt“ hatte, dieser der, der mit Schwung, Elan und Tatendurst, voll Zorn, rubinrotgerändertem Zorn, zornig, boiling with fury, mit Wucht und Knüppel knüppelte, traf ich auf ihn, den Rektor, der mir, spürte ich, zugetan war – und mich deshalb vielleicht nie prügelte, mich, den dankbaren Profiteur der Zuneigung eines Mannes, den man zu sehr fürchtete, um ihn hassen zu können und

und der mich, wir kamen ein wenig ins Gespräch, wie man so sagt, und der mich fragte, dies und das und dann, wie beiläufig, nach meinem Vater. „Mein Vater ist tot.“ Oh, das tue ihm leid, und was meine Mutter mache und ob Geschwister und wie viele so weiter und so weiter und so und

„Mein Vater ist tot.“

Was für ein Satz! In diesem Moment, nicht länger als ein Zeit-Punkt, dehnungslos, unmögliche Gegenwart etc. etc., traf ihn ein Schmerz, triff mich!, durchzuckte ihn, wie aus heiterem Himmel, aus einem Himmel das Echo eines Echos von Schmerz: ein feiner, ein haarfeiner Stich, unendlich dünne Nadel, tausendsonnenheiß, mitten ins Herz. Mon cœur! Mitten ins Herz

\*

Danton, habe ich gelesen, vielleicht bei Büchner, was weiß ich, habe in der Nacht vor seiner Exekution laut darüber räsonniert, daß es Verben gebe, die nicht in alle Tempi konjugiert werden könnten. So könne man zwar sagen, ich werde guillotiniert, aber nicht, ich bin guillotiniert worden. Eine Art performativer Widerspruch allenthalben. Die Bedingungen einer Aussage konfligieren mit ihrem Inhalt. Deshalb sei nichts widersinniger als der Satz: „Ich bin tot". Zu sagen „Ich bin tot" ist das schlechthinnige Paradigma alles Widersinnigen überhaupt. Wer sagt das

*

Das Herzzerreißende der Dinge. Der Füller, der Brieföffner, die Schatulle. Noch einmal: „Von ihm habe ich nur noch den Füller."

*

Ich. Ja, auch ich sterbe. Ich sterbe. Das sagt sich so leicht. Ich bin tot. Das sagt sich so leicht. Ich sterbe/ich bin tot: das sind Sätze, unmögliche Sätze. Nicht etwa, weil der eine – „ich bin tot" – eine Art performativen Widerspruch birgt (der andere, „ich sterbe", übrigens nicht). Nein, unmöglich sind sie, weil ich weder tot bin, noch sterbe. Weil ich, Ich, gar nicht anders kann, als nicht zu sterben, weil das Ich, das stirbt, kein Ich ist und sein kann. Und gehört nicht die Unsterblichkeit der Seele zu den drei transzendentalen Ideen Kants, neben Gott und Freiheit; transzendentale Idee, die womöglich die Identität dieses Ich überhaupt, des Ich im allgemeinen repräsentiert, die Identität als durchgängige Sichselbstgleichheit, Beständigkeit, Stabilität, als unverbrüchliche Einheit des Ich mit sich selbst? Und wenn dem so wäre: Wie wollte man dieses transzendentallogische Argument außer Kraft setzen? Und warum sollte man auch?

*

Lesen einen Roman lesen von maßlosem Format Ausdehnung, ein Buch, ja, von nieermattender, was auch immer sonst man davon sagen mag, von nieermattender Schönheit. In

*

Ja, auch ich sterbe. Ich sterbe. Das sagt sich so leicht. Ich altere. Das sagt sich so leicht. Ich bin tot. Das sagt sich so leicht. Ich sterbe/ich altere/ich bin tot: „nicht Ich, sondern ich". Ich sterbe für die Anderen, ich werde alt für sie und sterbe meinen Tod für sie. Ich heiße, meine Name ist, er lautet ... „Buchstabieren Sie!"

*

Kants Geniestreich – ein Wort, das ihm, verständlicherweise, übel aufgestoßen wäre – bestand ja nicht in der Entdeckung, daß die menschliche Vernunft eine endliche ist, sondern, daß diese endliche Vernunft ohne die Fiktion des Unendlichen gar nicht auskommen kann. Aber ist das Unendliche im Endlichen, das, wie Lévinas mit Descartes sagt, Unendliche-in-uns, eine Fiktion? Say yes or no!

Apropos: Erstaunlicherweise spricht ausgerechnet Lévinas einmal davon, daß seit Kant „Philosophie Endlichkeit ohne Unendliches"[16] sei. Erstaunlicherweise.

*

In einer Episode gegen Ende seiner „Recherche", im Salon der Prinzessin de Guermantes, kommt Proust auf ein bestürzendes Erlebnis zu sprechen. „Marcel", nennen wir ihn einmal so, betritt, man gibt zur Matinee ein Kostümfest, nach vielen Jahren den Salon, in dem er früher oft zu Gast war, wieder, auf all die Menschen treffend, denen er an diesem Ort damals schon begegnet war. *Erste Bestürzung: die senile Metamorphose der Anderen.* Dieselben Personen haben sich durch ihr Alter, das durch die große Zeitspanne zwischen den Besuchen Marcels abrupt kenntlich wird, fast bis zur Unkenntlichkeit, bis zur Karikatur ihrer selbst, verwandelt. Beispielsweise Monsieur d'Argencourt, „mein persönlicher Feind", wie Marcel/Proust beiläufig fast bemerkt, dessen hochmütiges „Lächeln" von einst sich zu dem eines „an einen trotteligen alten Kleiderhändler" gemahnendes verwandelte. Proust schreibt: „ ... kaum konnte man begreifen, daß die Möglichkeit dieses jetzigen an einen trotteligen alten Kleiderhändler gemahnenden Lächelns in dem korrekten Gentlemen von ehedem schon vorgezeichnet war. Falls aber d'Argen-

34

court mit diesem Lächeln noch immer die gleiche Absicht verfolgte, so wurde es doch durch die unerhörte Verwandlung des Gesichts, ja, durch den Stoff des Auges, mit dem er ihm Ausdruck gab, zu etwas derart anderem, daß es völlig verschieden von dem früheren und sogar wie das eines anderen Menschen wirkte."[17]

„wie das eines anderen Menschen": so sehr sei Monsieur d'Argencourt „zu einer anderen Person geworden", heißt es einige Zeilen weiter, daß es Marcel/Proust dünkt, „als könne das menschliche Wesen ebenso vollständige Metamorphosen durchmachen wie gewisse Insekten." (ebd.) A propos Metamorphose: sehr viel früher, nach dem Tod seiner über alles geliebten Großmutter, kommt Proust auf die Verwandlung seiner Mutter zu sprechen, die, als habe sie nur auf deren Tod gewartet, fast jäh die Gestalt der Großmutter, ihrer Mutter, anzunehmen begonnen hat, nachdem diese verschied. Als habe sie, bemerkt Proust, all die Jahre wie eine Larve auf den Moment gewartet, um die Gestalt annehmen zu können, die gleichsam erst nach den Tod ihrer Mutter freigeworden sei. Merkwürdig, nicht? Doch ich schweife ab, offenbar. Momentan geht es um anderes. Momentan geht es um die *zweite Bestürzung: die senile Metamorphose meiner selbst als eines Anderen.* „Da bemerkte ich, der ich seit meiner Kindheit immer nur von einem Tag zum anderen lebte und mir im übrigen von mir selbst und den anderen ein definitives Bild gemacht hatte, an den Metamorphosen, die sich an all diesen Leuten vollzogen hatten, zum ersten Mal die Zeit, die für sie vergangen war; das aber trug mir die bestürzende Offenbarung ein, daß sie ebenso für mich vergangen war." (S. 4018)

Die „bestürzende Offenbarung": die Zeit vergeht nicht nur für sie, sondern auch für mich. Weder die Reihenfolge, der Umweg des Für-sie zum Für-mich, noch die Struktur als solche, die Realisation des Alterns meiner selbst durch die des Alterns der Anderen, ist psychologisch bedingt, zufällig oder, wie man so sagt, empirisch. Sie ist, mit anderen Worten, transzendental, unbedingt und notwendig. Was Proust entdeckt ist eben dies: daß es ein Altern für mich, unmittelbar für mich, gar nicht gibt, daß „Ich" gar kein Alter, kein Altern kenne, daß „Ich" alt werde und nur alt werde als ein Anderer. And so on: das Altern, das Sterben, der Tod.

*

short intermission: Tod ist die Urszene des Sozialen – Kultur ist Totenwache – Mein Tod ist ein anderer –

*

Das transzendentale Ich, die allgemeine Idealität des Ich = Ich, als Hypostase der seins- und existenznotwendigen Fiktion der unbedingten Zeitresistenz dieses Ich: onto-epistemo-optische Täuschung. Nicht die Täuschung wäre das Problem, wenn man denn überhaupt von Problem sprechen will, sondern die Täuschung über die Täuschung, die Täuschung, daß sie keine sei, die Täuschung der Täuschung als Fakt: wieder einmal dies skurrile Pärchen „Kant-Nietzsche"

*

Spiegel-Spiel eigentümlicher Verwandlungen, eigentümlicher Metamorphosen des Anderen als ich. Das Altern ist nur wirklich als Selbstportrait eines blindgeborenen Auges, von Licht überflutet, dem Milieu aller Sichtbarkeit und dunkel. Reflexe und Reflexionen: das Auge schlägt das Auge auf.

*

„Man muß die lange Passage in Prousts *Die wiedergefundene Zeit* nachlesen, wo er erzählt, wie er nach vielen Jahren wieder in den Salon der Prinzessin de Guermantes kommt".[18] Haben wir getan, Madame. Und waren, wie Sie, Madame, sehr angetan. „Es ist – da es der andere in uns ist, der alt ist – ganz normal, daß wir durch andere Menschen zur Erkenntnis unseres Alters gelangen." (ebd. S. 244) Nun, einmal beiseite gelassen, was als „ganz normal" gelten kann oder nicht – was ist schon „ganz normal"? – *es ist*, diesen wichtigen Satz, er ist alles andere als „ganz normal", sollte man einrahmen oder wenigstens in Parenthesen setzen und durch Parenthesen ehren: *es ist der andere in uns, der alt ist.*

Conclusio (piano, piano): Wenn der Tod, das Sterben, das Altern

36

eine Realität ist und wenn der Tod, das Sterben, das Altern nur sind durch den transzendentalen Umweg des Für-sie-zum-Für-mich, dann ist die Realität des Todes etc. der Andere. Dann ist der Tod ein anderer, dann ist der Andere in mir der Tod des Anderen und ein anderer Tod. Nun, vielleicht kann man das so sagen, vielleicht. Vielleicht auch anders, immer und immer wieder. Proust talking: „Ich sah mich nun wie in einem ersten wahren Spiegel, dem ich begegnete, in den Augen von Greisen, die ihrer Meinung nach jung geblieben waren, so wie ich selbst auch von mir es meinte, und die, wenn ich mich ihnen gegenüber in dem Wunsch, sie dagegen protestieren zu hören, als Beispiel eines alten Mannes zitierte, in ihren Blicken, die mich so sahen, wie sie selbst sich nicht sahen, aber wie ich sie sah, auch nicht den Schatten eines Widerspruchs zu erkennen gaben, denn wir sahen nicht unser eigenes Bild, unser eigenes Alter, sondern jeder erkannte wie in einem Spiegel auf der gegenüberliegenden Seite einzig das des anderen." (Proust, S. 4022) Simone de Beauvoir, bitte, ihr Statement: „Das Alter ist etwas, das jenseits meines Lebens liegt, etwas, wovon ich keine innere Gesamterfahrung haben kann. Allgemeiner gesehen ist mein *ego* ein transzendentes Objekt, das nicht in meinem Bewußtsein lebt und das nur aus der Entfernung anvisiert werden kann." (de Beauvoir, S. 247) Interessante

*

Interessante Formel übrigens: das ego als transzendentes Objekt. Kants Paralogismus einmal anders: das transzendentale Subjekt als transzendentes Objekt. Diese transzendental-transzendente Mesalliance wäre vielleicht, was Hölderlin ein „Ur-Teil" nennt?

*

ich, „ich" bin, ich heiße, man nennt mich, man hat mich genannt, gerufen, man wird mich, und deshalb, mit diesem Namen, Tintenspur auf rissigem Papier, unleserlich, meine Unterschrift, oder, Oder, ich bin. Ich bin vor allem eins, eines, dieser eine, ich bin der und der. Ich bin nie etwas anderes gewesen, glaubt mir, kein Anderer, nie werde ich etwas anderes sein und gewesen sein als genau das: ich bin euer Toter, ein anderer Toter, ein Anderer als Toter und ein anderer Tod. Ich bin euer Toter, werde ich sein, bin ich und war

*

„Von ihm habe ich nur noch den Füller." Das ist der erste Satz im letzten Buch Sarah Kofmans.[19] Und es ist der Füller des Vaters, von dem Kofman hier spricht, Rabbiner einer kleinen Synagoge im 18. Arrondissement in Paris, den „sie" 1942, am 16. Juli, abholten, verbracht ins Gelände, nach Auschwitz. „Verbracht ins Gelände". Sarah, kleine Sarah, wirst deinen Vater nicht wiedersehen. Acht Jahre alt. Und sechzig, als sie dies niederschrieb. „Von ihm habe ich nur noch den Füller." Kurz darauf, nach Beendigung der Arbeit an ihrem Buch, dem letzten, nahm sie sich das Leben, am 15. Oktober 1994, in Paris. Nicht wiedergesehen, Paris, Vater, Füller. Füller
meines Vaters, mit dem ich schreiben lernte, eine breite goldene Feder, schreiben, die Tinte auf rissigem Papier, schöne, große, geschwungene Buchstaben, meinen Namen, nie den Namen schöner geschrieben, die Feder aber zerbrach, seitdem. Er war damals, so erzählte Mutter, zuerst, bevor man ihn nach Rußland schickte, Rußlandfeldzug, Gefrierfleischorden, den hatte er, er dabei in Paris, bei den deutschen Truppen die Paris besetzten. Er habe diese Stadt, mehr als einmal hörte ich das, geliebt. Da sei es ihm noch gut gegangen verhältnismäßig, selbst in Rußland, denn immerhin, er war in der Wehrmacht, Vater, in der Wehrmacht, ordentlicher Soldat. Und als sie bei Gelegenheit einer anstehenden Beförderung, so hörte er einmal, erzählte es ihm die Tante, feststellten, „sie", daß er, trotz dieses Namens, dieses urdeutschen Namens, den er eher zufällig trug, gar nicht „rasserein" war, wurden die Dinge, das kannst du dir denken, heikel. Er wurde dann entlassen am 23. Juli 1942. Am
23. Juli 1942 begann die Angst also wie. Ein Tumor zu wuchern. Datierte Angst von ihm, den Füller, steht in einem Glas mit einem Brieföffner neben einer Schatulle auf dem Schreibtisch, jetzt. In diesem Moment

*

38

„Im Himmel" – seine Mutter sprach davon nur selten, eher widerwillig, zumindest glaube ich das heute. Nur einmal, viele Jahre später erst sollte er das Buch, diesen unglaublichen Roman lesen, sprach sie einmal von dem Himmel, die überbordende Weite, dem Entgrenzten, dem Himmel des Fürsten Andrei Bolkonski, tödlich verwundet in der Schlacht bei Borodino, dessen Sterben und dessen Todesahnungen verwoben waren mit dem Bild des Himmels, dem bildlosen. „Himmel" – hier, dieses eine Mal, hatte das Wort einen Sinn, einen ungreifbaren, unendlichen, einen sinnlosen Sinn. Der Himmel, die Weite, die Höhe über alle Höhe hinaus. „Himmel" – hier, dieses eine Mal, hatte das Wort – für sie, für mich – einen Sinn. „Der Himmel", so sagt das Lévinas am Freitag, den 6. Februar 1976, verlange „einen anderen Blick als den einer Vision", einen „anderen Blick als den des Jägers", Augen verlangend, „die von aller Begierde geläutert" seien.[20] Und bei anderer Gelegenheit rückt er dieses Motiv des Himmels nicht nur, was naheliegend ist, in den Kontext von Kants „bestirntem Himmel" über und dem „moralischen Gesetz" in mir, sondern eben auch mit dem „Himmel" des Fürsten Andrei aus Tolstojs „Krieg und Frieden". Oben/unten, über mir/in mir: paradoxe Topographie des Erhabenen, der Höhe, der, so Lévinas, „Monstrosität des in uns gelegten Unendlichen" (S. 232): Himmel. Die Augen zerrissen in der Erinnerung kommender Trauer, damals, am See

## 3

Schmerz, Qual, ich nicht, acht, Munde, blüht rätselvoll blüht ein
Stern zur Nacht, Tod vollbracht, ich, Tod, ich

                              *

Daß es diese zwei Tode gibt, wenigstens die Möglichkeit dieser zwei
Ordnungen des Todes und den Tod zwei oder den zweiten Tod, man
hat es immer gewußt, zumindest geahnt. Diese zwei Tode und das
„Zwischen-zwei-Toden". Tod/zwischen/zwei oder Zwischenfall oder
Fall eins all that falls

                              *

Es sei ein „Irrtum", so Alexander Kluge während seiner Totenrede
auf Heiner Müller, den man, wenn ich mich recht erinnere, an einem
grauen, trüben Januartag zu Grabe trug, auf dem Friedhof in der
Chausseestraße, kam eher zufällig vorbei, fremd an einem fremden
Grab, betreten etwas, etwas hilflos, was zu tun sei, fremd vor einem
fremden Grab, unter den vielen, die, wie vor einem Postschalter, still
in einer Schlange anstanden, um – ja, was? – um vor dem offenen
Grab Heiner Müllers, um – ja, was?, fremd vor einem fremden Grab,
ich, Januar, adieu, nicht Wannsee nicht, adieu, „keine bedeutendere
Eminenz des Dramas deutscher Sprache seit Kleist", irgend etwas in
der Art im Kopf, Platitüden eben, wie ein Spuk und „ein Irrtum, daß
die Toten tot sind". Irrtum also, aha.
    Wer will Alexander Kluge diesen Satz verargen? Er ist, man könnte
sagen, vor allem eine Feststellung, eine vielleicht etwas trotzige,
nichtsdestotrotz evidente, darüber, daß die Toten nicht einfach aus

dem Leben, wie man so sagt, verschwinden, als wären sie nicht gewesen, nicht einfach spurlos, zunächst und zumeist; sodann eine Behauptung, mit paradoxer Motivik spielend, hinlänglich bekannte Rhetorik der Revokation des Subjekts durch sein Prädikat; auch, was nicht unerwähnt bleiben darf und sollte, eine Form, wie schwach auch immer, säkularer Tröstung, Linderung des Schmerzes, der Qual, die es gibt zweifellos; desweiteren ein versteckter Imperativ, eine Art Appell, an „uns", sie, die Toten, nicht tot sein zu lassen, ihr Erbe, ihr Gedächtnis zu wahren, das Totengedenken also; und, last but not least, wohl auch Ausdruck einer Rebellion, „Hybris", würden die Alten vielleicht sagen, einer Rebellion gegen eine allen Widerstand brechende Instanz, Widerstand zwecklos, letztendlich. Hybris, das ist die Rebellion, die letztendlich scheitern muß und wird. Vorläufig aber, für einen gewissen Zeitraum, bis zum Ausbrennen der Sonne meinetwegen, einen vorletzten Erfolg zeitigt. „Solange sie in unserer Erinnerung, sie, die Toten etc. etc." Das war, ungefähr, was Kluge sagen wollte, nicht? Die Toten sind nicht tot. Was aber sind sie dann?

*

„Es gibt Schlimmeres als den Tod. Nicht sterben dürfen."[21]

*

Das „Dasein des geschichtlichen Menschen" sei, sagt Heidegger in seiner „Einführung in die Metaphysik", ein „Zwischen-fall".[22] Ein wenig später spricht er von der „Not seines Wesens". „Die Bewertung des Menschen als Übermut und Vermessenheit im abschätzigen Sinne nimmt den Menschen aus der Not seines Wesens heraus, der Zwischen-fall zu sein." (ebd.) Emergency! Der Mensch Zwischen-fall Mensch. Als Unterbrechung, Bruch und Zäsur, Riß, Notfall, als Störfall – das alles liegt, mehr oder minder ausdrücklich, im Assoziationsraum der Heideggerschen Bestimmung. Sie hat im Bezug zum Sein, der auf gewisse Weise das Sein selbst „ist", im Sinn des Seins, seiner Wahrheit oder Ortschaft, ihre wesentliche Referenz. Der Zwischen-fall „Mensch" hat sein Pendant im Wesen des Seins. Was

Heidegger je zu denken versuchte, man kann sagen, beruht in der Beglaubigung dieser irreduziblen Verschränkung, dieser „ursprünglichen" Bezogenheit des Menschen zum Sein, ohne welche Bezogenheit es weder Sein noch Mensch gäbe. Soweit

so gut. Die Erinnerung an diese abgründigste Dimension der Seinsfrage, sie ist, ohne Zweifel, die überragende Leistung Heideggers, seine „Gabe" gleichsam an „uns". So schnell wird der tote Heidegger nicht tot sein, so nicht. Doch, man sollte einmal in aller Stille darüber nachdenken, in lauterer Stille, nachdenken, es könnte sein, daß der „Mensch", von dem Heidegger spricht und indem er von ihm spricht, unausgesprochen immer schon der ist, der, in welcher Weise auch, der „lebt", der am „Leben" ist, „lebendig", hier und jetzt. Ich bin mir da, zugegeben, etwas unsicher. Vielleicht tut man mit dieser Vermutung Heidegger, wie so oft, Unrecht. Vielleicht. Doch wäre es schon einmal eine Frage wert, ob der „Mensch" als Toter, nicht der „Sterbliche" mithin, der sein Sterben vermag, noch, sondern der schon gestorben ist, ob also der „Tote" gleichfalls aus seinem Bezug zum Sein „west", und ob er in nämlicher Weise wie der „Mensch" als aktual lebender aus dem Bezug zum Sein „west". Die Frage geht, anders gesagt, darauf, ob die Toten „denken". Der Mensch als „Zwischen-fall", als Zwischen selbst und Riß im Gewebe des Seins, ohne den es Sein nicht gäbe. Das Datum. Es wäre schon einmal eine Frage wert, was für ein „Zwischen-fall" der Tote ist, der Tote, der tot ist und nicht tot ist, der tote als der nichttote Tote

so gut. Und man könnte, im Anschluß dieses Gedankens einer „ur-sprünglichen" Bezogenheit von Sein und Mensch, einer „Konstellation", wie sich das etwa auch in der Sprache Adornos sagen ließe, gewiß, man könnte das bis zu jener Figur des „Anderen-im-Selben" weitertreiben, Figur oder „Ereignis" der Heimsuchung, der nichtgegenwärtigen Gegenwart des „Anderen-in-mir", des Anderen, das bei Lévinas und cum grano salis auch bei Derrida nicht mehr das „Sein" schlechthin ausmacht, sondern des „Anderen" als der andere Mensch, alter ego also. Den alten, überaus eindrücklichen Streit zwischen Lévinas und Derrida, ob sich diese „ethische Anderheit" im Bezug zum anderen Menschen im Ausgang des Bezugs zum Sein (Derrida) oder allein unter der Bedingung des radikalen Bruchs mit dem Heideggerschen Seinsdenken (Lévinas) denken läßt, einmal beiseite lassend, stellt sich die Frage, stellt sich mir die Frage, in welcher Weise dieser „Andere-in-mir" anders ist, je nach dem, ob er ein Sterblicher ist oder ein Toter. Wie verändern sich Struktur, die Modalität, der Ablauf der Heimsuchung, formal, gibt es formale Kriterien der Unterscheidung, Kriterien mithin, die unabhängig des jeweiligen materialen Gehalts entwickelt werden könnten? Eine Frage, gesetzt, sie ist nicht platterdings blödsinnig – und was heißt das schon? –, zu deren Bearbeitung die vorhandenen Kapazitäten phäno-menologischer, hermeneutischer oder auch transzendentalphiloso-phischer Recherche vermutlich nicht ausreichen, bislang oder nicht, überhaupt nicht. Wie öffne ich mich in mir dem Toten (personal), ohne vom Toten (sächlich), sagen wir einmal, überladen, ohne vom Toten (personal/sächlich) verzehrt zu

werden, verzehrt, vielleicht das gemäße Wort hier, Zoom auf Zom-bie vom Waldrand her, auf dem Friedhof erst einer und dann viele. Verzehrt oder überladen bis zum Grenzpunkt, Riß, an dem kein Le-ben, außer Atem, Truffaut, François, im grünen Zimmer, la chambre

\*

Engel, verzweifelt, Flügelschatten und Schrecken, noch einmal der Schrecken schrecklicher Engel, du, ich „Ich bin das Messer mit dem der Tote seinen Sarg aufsprengt."

\*

nicht tot. Was aber sind sie dann? Heißt, nicht tot zu sein, zu leben? Die Toten, die nicht tot sind, leben, aber ein Leben nicht der Leben-den, sondern, eben, der Toten. Das Leben der Toten aber muß vom Leben der Lebenden unterschieden sein, auf welches das der Toten verwiesen bleibt. Ohne die Lebenden wären die Toten – tot. Et vice versa?

nicht tot. Was aber sind sie dann? Saturnalien: (a) die Lebenden, die (a.1) leben und die (a.2) nicht leben; (b) die Toten, die (b.1) leben und die (b.2) tot sind; (c) die Toten, die tot sind und nicht tot sind: die Untoten; (d) die Lebenden, die nicht leben und nicht tot sind: die (pardon!) Unlebenden. Aber lassen wird das, das grüne

*

la chambre verte, Kammer, mein Herz mitten, Herzflimmern in feinzitternden Frequenzen, Kammerton a oder nicht a oder nicht, wie, Marcel/Proust, die Liebe zu sieben Frauen in sieben Zimmern Herzkammern, die Liebe Marcel/Prousts, die tötet-begehrt, Resurrektionen, das Flimmern meiner Herzen, Amplitude der Qual, bis zum Untergang des Herzens, das ich vor was weiß ich wie vielen Jahren oder Jahrhunderten durch die Nacht, die brütendheiße, endlos schier, „Untergang eines Herzens", das ich las von einem, Stephan Zweig, der die Pest nicht mehr ertrug und was sonst noch, Untergang, das, sieh Qual, mein Mund, Nebenstern meines Augs, das sich verzehrt und verzehrt wird, das bricht, einfach, entzwei, bricht, das den Tag zur Nacht nicht um zu schlafen, nein, das nicht das die Wache, die Nacht lang, die ganze, die nicht hält, das einfach so, als gäbe es ein streng limitiertes Quantum der Qual, als käme Qual von Quantität und nicht von Qualität oder, Morgenröthe im Aufgang, umgekehrt, wie immer, das so einfach aufhörte zu schlagen aufhörte, Nullherzkammerton, null, aus

*

„Es ist ein Irrtum, daß die Toten tot sind." Solch ein Satz, mit dem, apropos, neuerdings ein Verlag, ein köstlicher Einfall!, für seine Müller-Werkausgabe wirbt, dieser Satz, einleuchtend vorab, gewiß verständlich, er kann trotzalledem viel bedeuten, wird, je mehr man über ihn nachdenkt, zusehends riskanter, kann seinen Sinn sogar, je nach dem, ins Unheimliche, Bizarre, Groteske wenden. Was sollten die Toten denn sein, wenn nicht tot? Und was heißt es, tot zu sein? Slapstick, Mr. Keaton: einer im Sarg, im Grab, unter der Erde fast schon, die Trauergemeinde trauert, was auch sonst, mehr oder weniger, je nach dem, der Friedhof, die Vögel, der Himmel etc. – und dann das Pochen, Klopfen, ersticktes Rufen, aus dem Sarg, ja, tatsächlich, aus dem Sarg, erste Ohnmachtsanfälle reihum, der Pfarrer stutzt, Gemeinde staunt, ein Irrtum, nicht tot der Tote, potztausend! Lebendig begraben

\*

„Ich bin das Messer mit dem der Tote seinen Sarg aufsprengt."[23]

\*

Lebendig begraben. Glaubt man diversen Berichten, so nahm gegen Ende des 18. und schließlich im 19. Jahrhundert die Furcht, lebendig begraben zu werden, nachgerade epidemische Ausmaße an. Mit allerlei Erfindungen der mitunter skurrilen Art versuchte man, dieser Gefahr zu begegnen. Edgar Allen Poe machte daraus eine wunderbare Erzählung. Eine schreckliche, schrecklichkomische Geschichte.

\*

Installationsbedingungen einer Katastrophe, symmetrische Deplazierung, Unorte: der Tote oben/die Lebende unten. Bruder/Schwester. Der Tote am Ort der Lebenden/die Lebende am Ort der Toten. Der/die. Perturbatio: Kreons vaterlandstragendes Geheiß produziert eine doppelte Un-Ordnung, eine De- oder Perlokation, die im Verderben mündet. Dies ater. Nachtschwarz. Hämon, Eurydike tot; Kreon, der Tor, bleibt allein, etwas derangiert und, so ist auf gut Griechisch zu vermuten, um seinen Rest Verstand gebracht, zurück.

Einmal nicht Polyneikes im Blick, ohnehin kein schöner Anblick, vom Geruch, dem Gestank, dem ekelhaften, ganz zu schweigen, sondern Antigone, die schöne. Was droht und was widerfährt Antigone? Zuallererst

Einmal droht die Steinigung, der „Tod des Steinigens im Ort"[24], öffentliche Hinrichtung eben. Doch widerfährt ihr anderes. Schlimmeres als der Tod: begraben bei lebendigem Leib. Und, nicht zu vergessen, die Nahrungsmittel. Sie bekommt Speisen, wird ernährt, verhungert also nicht. „CHOR: Und denkst du über jene nach; wie willst du töten? KREON: Sie führen, wo einsam der Menschen Spur ist,/ Lebendig in dem Felsengrunde wahren,/ So viele Nahrung reichen, als sich schickt,/ Daß nicht die Stadt zuschanden werde vollends." (S. 429)

46

Bleibt festzuhalten, auf die Frage des Chors, „wie" Kreon Antigone töten wolle, gibt dieser eine Anweisung zu töten, ohne zu töten. Zu töten, um der Vergeltung des Rechtsbruchs willen; nicht zu töten, damit die Stadt nicht vollends zuschanden gehe. Erstes Motiv. Ein zweites formuliert Kreon zu Beginn der dritten Szene: „KREON: Führt sie gleich weg, und mit der Gruft, der dunklen/ Umschattet ihr sie, wie gesagt, dort laßt sie ruhn/ Einsam allein; mag sie nun sterben müssen,/ Mag lebend unter solchem Dache zehren./ Denn wir sind rein, was dieses Mädchen angeht,/ Die Häuslichkeit hier oben aber fehlt ihr." (S. 433) Interessant, nicht? Rein, unschuldig, unbefleckt – Mördertraum aller Mörder, das Wasser, Hände, meine Hände in Unschuld, Mördertraum. Morden, ohne zu morden, töten, ohne zu töten. Deshalb stirbt Antigone, ohne zu sterben.

*

Nicht unter Sterblichen, nicht unter Toten.

*

„ANTIGONE: Nicht unter Sterblichen, nicht unter Toten." (S. 431)

*

Once upon a time in the west: Gewalt gegen Gewalt/Recht gegen Gerechtigkeit. Nicht ganz. Jedenfalls wendet Lacan in seiner Lektüre der Sophokleischen Antigone ein, daß nicht die göttliche Gerechtigkeit (dikè) Antigones Handeln motiviert, sondern eine gewisse Nominalität, das factum brutum einer irreduziblen Beziehung zwischen ihr und Polyneikes. Eine Beziehung von derart exklusivem Charakter, daß Antigones Tun von niemand anderem hätte übernommen werden können. Nicht ein allgemeines göttliches Gesetz der Gerechtigkeit widerstreitet also dem allgemeinen positiven Gesetz des Rechts, sondern die unbedingte Singularität der Situation, die Einzigkeit und Einzigartigkeit des „Zwischen", der Zwischen-fall, der statthat allein „zwischen" Antigone und Polyneikes, die Relation mithin und den Anspruch, den Antigone, sie allein, empfängt aus dieser Situation oder „Position",[25] die ihr gebietet, heißt, befiehlt oder wie auch immer, unbedingt, den Bruder zu beerdigen.

Man kann und vielleicht sollte man auch darüber streiten, ob etwa Heidegger, wenn er als Beweggrund für Antigones Handlung partout das Moment der Gerechtigkeit herausstreicht, nicht eben solch einen Aktus unbedingter Singularität, den mir niemand anderes je wird abnehmen können, da ich allein aufgerufen bin, „ich", allein, einzig, ob Heidegger mit Gerechtigkeit nicht diesen Aktus im Sinn hatte. Und Derrida, einmal mehr Benjamin nahe, würde ihm hier folgen, vielleicht. Lacan seinerseits jedenfalls insistiert zu Recht darauf, daß Antigone letztendlich kein Argument für ihr Tun hat und auch keines vorbringt. Denn Argumentieren heißt doch, sich auf Gründe von einem gewissen Allgemeinheitsgrad zu beziehen und in und durch diesen Rückbezug eine praktische oder theoretische Einsicht zu rechtfertigen. So in etwa zumindest. Antigone rechtfertigt ihr Handeln aber nicht. Es steht zur Sphäre argumentierender Rechtfertigung quer, inkommensurabel gänzlich

\*

Geschlafen, eingeschlafen, kommen die Toten wird, die Toten, die Lebenden, die Toten begraben die Lebenden, lebendig

\*

gänzlich inkommensurabel. Irgendwie, nicht wahr?, erinnert Antigones „Rechtfertigung" an die idiotische Verteidigung Jesu vor Pontius Pilatus, dem Ipsoexkulpator par excellence, Großmeister der reingewaschenen Hände, voll Blut, oh Jesus Christ, der auf die Anklage, die man ihm vorhielt, mit einer Formel antwortete, mit der bis auf den heutigen Tag niemand etwas anzufangen weiß, mit einer Wahrheitsformel, die auch die hypertheologischen Kommunikationsprälaten ganz sprachlos zurückläßt, ich-bin-die-Wahrheit-nicht-von-dieser-Welt-und-das-Leben, ohgottohgott, wer hat Ihnen denn den Tip gegeben? Ein rechter advocatus dei hätte sicherlich einen besseren Rat für Sie parat gehabt, glauben Sie mir. Etwa, hören Sie mal her, plädieren Sie doch auf Nichtzuständigkeit des Gerichts.

48

Oder, noch besser, auf „unschuldig". Keine schlechte Idee, köstlich, köstlich, der „Menschensohn" plädiert auf „unschuldig". Das hätte Herrn Dr. Luther arg in die Bredouille gebracht, gell? Kleine Genealogie der Vollidioten: Antigone – Jesus – Fürst Myschkin – Zarathustra

*

eine gewisse Nominalität motiviert ihr Handeln, der Nomos des Namens, der Name ihres Bruders, der Name als solches, der das Gesamt der irreduziblen Relation zwischen Antigone – Polyneikes, zwischen Schwester – Bruder, zwischen Lebender – Totem, zwischen Leben – Tod markiert. Antigone argumentiert also nicht, weil es im Namen des Namens nichts zu argumentieren gibt, nicht argumentiert werden kann – wie denn auch?, weil, wenn überhaupt, auf Gründe sich zu beziehen, zu begründen, zu rechtfertigen nur möglich sein kann unter der Bedingung des Begriffs, des Urteils, des Propositionalen, der allein begrifflich nur möglichen Conclusio, des Räsonnements. Ende. Schluß. Aus. Amen! „KREON: Was wagest du, ein solch Gesetz zu brechen?/ ANTIGONE: Darum. M e i n Zeus berichtete mir's nicht." (S. 416)
   Darum. Roger, over and out! End of transmission

*

Lebendig begraben

*

eine gewisse Nominalität, gewiß, unbedingt, Epitaph. Der Name des Bruders und nur, nur des Bruders. Eskalation, für Ohren nach was weiß ich wieviel Jahren, nach 2500 ungefähr, für diese Ohren, Ohrmuschelsarkopharg, nach 2500, hört sich das, wie soll man sagen?, hört sich das wirklich unglaublich an, ganz unglaublich und ungeheuerlich, ein Eklat! Das Mädel läßt nichts aus, gar nichts. Listen! „ANTIGONE: Nie nämlich, weder wenn ich Mutter/ Von Kindern wäre oder ein Gemahl/ Im Tode sich verzehrt, hätt ich mit Gewalt,/

Als wollt ich einen Aufstand, dies errungen./ Und welchem Gesetze sag ich dies zu Dank?/ Wär ein Gemahl gestorben, gäb es andre,/ Und auch ein Kind von einem andern Manne,/ Wenn diesen ich umarmt. Wenn aber Mutter/ und Vater schläft, im Ort der Toten beides,/ Steht's nicht, als wüchs ein andrer Bruder wieder./ Nach solchem Gesetze hab ich dich geehrt," (S. 434)

Dich: Polyneikes. Das ist das Gesetz, der Name, Nomos. Nie mehr gibt es einen Bruder, wenn erst einmal, pardon, Vater und Mutter verstorben, sicher, ein andrer Mann gefunden, ein neues Kind schnell gemacht. Der Bruder aber. Und die Totenwache

Die Totenwache

*

Und die Totenwache wird allgemeines Gesetz, „eigentümlich", Nomos, von dem wir alle weiden, von der, die Totenwache, wenn erst einmal der Vater erschlagen, Bruderhorde ihr, alle Menschen Brüder, Menschen, Bruderhorde. Antigone, Schwester, meine

*

Lebendig begraben.

*

Bleibt nachzutragen, daß in einem jener Reclambändchen, gelb, klein, man muß sie einfach, auch wenn sie nach Schule duften, riechen, stinken, muß sie mögen, daß also in einem jener Reclambändchen genau diese Anmerkung Antigones, in einer, nebenbei, jener glattgeschliffenen, fast zugerichteten Übersetzungen, die nach Schule duften und riechen und stinken nach Schule, nach „Didaktik" und Unterricht, nach Lehrkörper, der das Übermaß, das tragische wie komische, das Menschliche, so kleinmacht, daß es in das kleine Konzept von dem, was dann Leben heißt, sich willfährig fügt. Nachzutragen bleibt, daß diese Worte Antigones, diese eklatante Bemerkung, in eckige Klammern gesetzt wurde.[26] Langer Schatten Goethes. Denn Goethe, bemerkt Lacan, Goethe, und er war nicht der

50

einzige, soll gehofft haben, daß es sich bei dieser Stelle um eine Interpolation handele. Nachträglicher Einschub fremder Hand. Und wenn dem so wäre, Herr von Goethe, bei allem Respekt, wäre dann wirklich etwas gewonnen?

*

eine riesenhafte Maschine allerneuester Konstruktion

*

Mein Name wird der Name eines Toten gewesen sein. Und nur, weil ich einen Namen habe, weil ich ein Name bin, weil ich mein Name bin, werde ich ein Toter gewesen sein können. Ohne Namen, namenlos, nicht einmal tot, nicht einmal das. Der Name, das ist das „Zwischen" zwischen Leben und Tod, das „Zwischen", ohne welches weder Leben noch Tod, ohne welches weder die Lebenden noch die Toten möglich wären und wirklich. In meinem Namen bin ich ein anderer Toter, das Geheiß eines anderen Toten als Name und n u r als Name. Geheiß eines anderen Todes. Schlimmer als der Tod, der namenlose, das Töten des Todes schlimmer als der Tod. Den Toten ohne Namen, nicht gestorben, nicht einmal, recht besehen, nicht einmal ermordet, nicht einmal, nein, vernichtet, gelöscht, ausgewischt wie ein Kreidestrich auf einer grünen Tafel, diesen Toten einen Namen zu geben, den Namen ihres Todes: das ist das, was man „Wiedergutmachung" nennt, in einem Land namens Deutschland

*

Immer noch spaltet sich, Metastasentrauma, eine Zelle nach der anderen, Verzweigung, Wucher, wie ein Tumor, wie?

*

Seit Auschwitz, so Adorno, heiße den Tod fürchten, „Schlimmeres fürchten als den Tod." Meditationen zur Metaphysik: schlimmer als der Tod ist das Nicht-sterben-dürfen, äußerster Fluchtpunkt der In-

humanität. Conditio Inhumana: das Töten
des Todes. Schlüsselsatz unserer Epoche.

Schlüsselsatz unserer Epoche: „Verbringen den Abend mit M. und
R.-M., der selbst in Auschwitz gewesen war, erzählt von einem Alten
namens Simonsohn, der sich eines Abends im Winter 1942 mit letzter
Kraft hinter ,sein' Blockhaus geschleppt und sich dort (unglaublich,
welche Hoffnungen Menschen sich selbst damals noch machen
konnten) bäuchlings in den Schnee gelegt habe, um dort unentdeckt
einschneien und sterben zu können. Was ihm natürlich nicht gelun-
gen sei, da ihn einer der Kerle, die dort für Ordnung zu sorgen
gehabt hätten, aufgestöbert, mit seinem Stiefel wie eine Ratte auf den
Rücken gewälzt und ,mores gelehrt' habe. Das wäre noch schöner,
habe der Kerl den ,Schlaumeier' angebrüllt und diesem einen Tritt
versetzt, ,das wäre ja noch schöner, wenn jeder es sich hier heraus-
nehmen würde, zu entwischen und nach eigenem Gusto zu
krepieren'. Und dann sei der Satz gekommen, der, wie M. meinte,
der Schlüsselsatz unserer Epoche sei. *,Wo und wann und woran hier
jestorben wird, mein Lieber, das ist, vastehste, ausschließlich unsere Anjelejen-
heit'.*"[27]

*

Bruderhorde, das verfluchte Geschlecht, genus/sexus, verflucht, verflucht, Vater/Mutter, verflucht, Bruderhorde Brüder alle, Bruder
Eichmann, Bruder du Asche

*

Schlüsselsatz unserer Epoche: weil zum Korrelat des Politischen das
„Leben" selbst zu werden begonnen hat; weil die politische Frage
nicht mehr auf das „gute Leben" zielt, seine Bedingungen und
Möglichkeiten, sondern auf das Leben als solches, auf das factum
brutum der schieren, bloßen, nackten Existenz; weil das „Leben"
dem Zu- und Eingriff biobürokratischer Präformation unterworfen
zu werden droht, das „Fleisch" einer Instanz subordiniert, die, weil sie
per definitionem, per se gar nicht anders kann, nach Maßgabe eines
global fluktuierenden Kapitalinteresses organisiert, nach Maßgabe

52

einer technischen Apparatur strukturiert, nach Maßgabe einer administrativen Ordnung interveniert: „Biopolitik". Die „Lager" als deren Paradigma,[28] das Leben/der Tod als Dispositiva eines kollektiven Sorgesystems: „sozialer Humanitarismus". Agnus

Agnus Dei, der Zorn des Lamms über uns über: welche Effekte hat das Dispositiv der Biopolitik auf das Leben, den Tod und den Tod des Anderen?

\*

„als ob der Tod ein Mord wäre, den man nicht hat verhindern können."[29]

\*

„sozialer Humanitarismus", stand so in einer Zeitung, soll von irgendwelchen chinesischen Wissenschaftlern in Anschlag gebracht worden sein bezüglich des Palavers über Bio-Wissenschaft, Gen-Technik, Transplantationsmedizin etc. zur Markierung der Gleichwertigkeit von Individuum und Kollektiv, gegen die Präponderanz des einzelnen so also läuft der Hase, „sozialer Humanitarismus": resonanzloser Ausdruck, planes Wort, flächig, glatt auf der Zunge, wie, ein Beispiel, ein anderes und mehr als das, wie „Endlösung" oder, ein Beispiel, ein anderes und mehr als das, wie „Ethnische Säuberung". Saubere Worte, assoziationsminimiert, frei von gewissen Elementen, wie man so sagt, und dem Vorgang, den sie benennen, völlig angemessen, täuschen Sie sich nur ja nicht, korrekt sozusagen, weil, nicht trotz, weil, der Teufel, wie man so sagt, nicht im Detail in der Rubrikation der systemisch einwandfreien der konzeptuellen Spezifikation. Wo sonst

\*

in Deutschland, Prototyp Phantasma: eine Platte, spielfeldgroß, eine Schräge, versehen mit den Namen der Juden, der namenlosen, allüberall, nie gesehen, diese Platte inmitten Berlins: ein Mahnmal, ein Denkmal, eine Gedenkstätte oder was auch immer. Ein Monument jedenfalls, dessen Monumentalität, um das mindeste zu sagen, einer gewissen moralisch-ästhetischen Naivität geschuldet sein dürfte. Der zu meinen, zwischen der überlebensgroßen Monstrosität dieses Vorfalls der „Endlösung" und einer überdimensionierten Betonplatte gäbe es, könnte es überhaupt, wäre die Möglichkeit, allein auch nur die Möglichkeit gegeben einer

repräsentationablen Korrespondenz, einer Adäquation, einer irgendwie möglichen, einer darstellbaren Entsprechung. Immerhin bemerkte Reinhard Koselleck in diesem Zusammenhang, daß die Schrägstellung der Platte das christliche Motiv der Wiederauferstehung assoziiere. Immerhin. Wiederauferstehung, Wiedergutmachung, wieder und wieder und wieder ein göttliches Bild, happy Endlösung: die Gräber öffnen sich und heraus purzeln die Toten, alle, allüberall, ergießen sich über Berlin, Musik hebt an, tausend Geigen und scheppernde Fanfaren, mildes Abendlicht und schauerlichschöner Himmel, Kamerafahrt von links und Linksschwenk, Kaiserpanorama an der Kaiser-Wilhelm-Gedächtniskirche, das auch noch, und alle Menschen Brüder Menschen Brüder und Amen/Abspann/Ende

Natürlich hat Koselleck recht, sein Verdacht ist sicherlich naheliegend

*

Dispositiv Biopolitik, Leben Tod: im Gefolge, liest man, einer rapiden Entwicklung der Transplantationsmedizin sei eine juridisch einwandfreie Definition dessen vonnöten, was man den Tod des Menschen nennt. Tod eines Menschen, dessen Organe, funktionstüchtig selbstredend, herausgenommen und dann verpflanzt etc. Verpflanzung, eigenartiges Wort, wenn es um „Fleisch" geht, Wortfleisch Logos und die Versuche, hitzige Diskussionen auf einer Schrägen, den Tod-des-Anderen begrifflich zu justieren: Hirntodkriterium, einwandfreies Wort einwandfrei klinisch

tot Ganzhirntod oder Teilhirntod, jedenfalls: was heißt Sterben? Und für wen? Wann ist einer tot? Für wen? Bei alledem der Eindruck, nicht von der Hand zu weisen, daß die Bedingung dieser klinischen, stets etwas makaberen, erpresserischen und, auch das, monströsen Debatten eine stillschweigend vorausgesetzte Restriktion des Todes

auf das Verenden dessen, das Krepieren, Hinscheiden, Verrecken dessen, der stirbt. Als stürbe er allein. Er allein und nur er, den *einen Tod.* Doch gibt es, glauben Sie mir, den *anderen Tod.* Der Tod ist nicht vorbei, wenn einer tot ist, wenn
wenn einer tot ist, fängt er in gewisser Weise überhaupt erst an, der Tod. Mit jedem Toten ein Tod geboren. Rittlings über dem Grabe. Und wenn es den anderen Tod gibt, und es gibt ihn, es gibt, wenn jedenfalls und wenn er gegenüber dem einen Tod keine nachrangige Stellung einnimmt, dann gehören die Kalkulationen zum „Hirntod-kriterium", die juridischen, medizinischen, technischen, zur *Conditio Inhumana,* prinzipiell, jenseits aller Floskeln, Phrasen und noch so lauterer, oder auch nicht, Beweggründe. Conditio Inhumana. Der
der Tod aber endet nicht damit, daß einer endet. Damit beginnt er, die Wache, damit beginnt die Schlaflosigkeit jenseits der Traumdeu-tung, der Schlafwandel in ein Gehäuse

*

carnis Uncle Meat, Brandfleisch

*

„Wiedergutmachung" Deutschland, im Namen Deutschlands, im Namen des deutschen Volkes, we declare, restitutio nominium, der Namen, die im Namen Deutschlands gelöscht wurden, „delete".
Worumwillen.
Das Töten der Menschen und das Töten der Namen. Die Namen restituieren, die im Namen Deutschlands gelöscht wurden, „delete"

*

Chinatown Europe: am 19. November 1996 verabschiedete das Ministerkomitee des Europarates die europäische Bioethikkonven-tion, deren Präambel den Schutz der Integrität des Einzelnen mit dem Recht der „gesamten Menschheit, in den Genuß der Ergebnisse von Biologie und Medizin" zu kommen, in Beziehung setzt.

*

Kaiser-Wilhelm-Gedächtnis-Kirche, Gedächtnis zum Beispiel, daß die
Kaiser-Wilhelm-Gesellschaft im Dritten Reich, so nennt man das, die
medizinischen Forschungen, Experimente, die Versuche an den
Insassen der Konzentrationslager förderte und unterstützte; Gedächtnis zum Beispiel, daß Herr Dr. Mengele, bahnbrechende Zwil-
lingsforschung, von der Deutschen Forschungsgemeinschaft (DFG),
so nennt man das, gefördert und unterstützt wurde; Gedächtnis zum
Beispiel, daß in einer „Denkschrift" der Deutschen Forschungsgemeinschaft (DFG), so nennt man das, vom Sommer 1996 zur „For-
schungsfreiheit", Herr Prof. Markl, Präsident der Max-Planck-Ge-
sellschaft, Rechtsnachfolgeinstitution der Kaiser-Wilhelm-Gesellschaft, das Ende der natürlichen Evolution aus- und zum „Manage-
ment der Biosphäre" aufruft: „Biopolitik", Subordination des „Flei-
sches" unter das biobürokratische Dispositiv, Leben Tod; Gedächtnis
zum Beispiel

*

Natürlich, Koselleck hat recht, sein Verdacht ist naheliegend. Ein
interessanter Gedanke zweifellos, ein guter. Andererseits, wer sagt,
daß die Schräge der Platte als ihr Sich-Öffnen zu lesen sei, ausschließlich? Ich sehe sie vor mir, wie sie sich schließt, langsam, mit
lautem Knirschen, die Toten, mit lautem Knirschen unter sich begräbt, endlich das Grab, das nie geöffnete, das nie ausgehobene, das
nie gegrabene Grab schließt, abschließt und versiegelt, daß die Toten
tot sind, die Toten endlich tot, endlich die Toten unter Toten, unter
allen und endlich, endlich, endlich
    weinen können und dürfen, die Tränen Achills, die Tränen Ram-
bos, die Tränen Kohls, die niegeweinten, die niegesehenen, das Wortfleisch und Fleischasche und Tränen benetzten die Aschen über mir,
Himmel, Aschenregen, ein Meer, ein ganzes

*

Die Asche Eichmanns ins Meer gestreut

56

## 4

Der Tod schwebte über ihnen, und er war ihnen keineswegs vertraut.

*

„Der Tod schwebte über ihnen, und er war ihnen keineswegs vertraut."[30] Wo
hatte er diesen Satz schon einmal gelesen, gehört?

*

Präsenz des großen Krieges im Zimmer, im grünen Zimmer: der
„Held" der Geschichte, eines Films von François Truffaut, der „Held",
seinen Namen habe ich vergessen momentan, er richtet den Toten
ein Zimmer ein, ein Raum des Gedenkens, all den Toten, memoire
mortale und ein Bildnis, wenn ich mich nicht täuschte, ein Bildnis
Prousts an der Wand, sehr langsame Kamerafahrt an der Wand entlang. Präsenz des großen Krieges im „grünen Zimmer": die Unzahl
der Toten, das schiere Quantum, die Masse macht es „ihm", der überlebte, unmöglich, überfordert seinen Speicher, seine Kapazitäten, die
Toten tilgen, vertilgen, nehmen überhand, die Lebenden, Überlebenden, nicht, das Leben, drowning by numbers

*

Als ob der Tod ein Mord wäre, den man nicht hat verhindern können.

*

Zimmer, Raum des Gedenkens, eine Zone, ZONE mithin
ein Zeit-Raum des Gedenkens, der An-dacht, würde Heidegger vielleicht Heidegger sagen, also des Zeit-Raums zwischen, Spatium
unserer Spatium, zwischen Leben und Tod, zwischen Tod und Tod,
zwischen den Toten und den Lebenden, Wahrung und

Wacht, wake up, als ob man sicher zu sein versuchte, daß die Toten
wirklich tot sind, daß sie tot bleiben, daß die Demarkation, das Spatium, der Zeit-Raum und, ach ja, die ZONE, Zwischenspiel Schwebe,
Schwelle, zitieren Zitat Benjamin: „Schwelle und Grenze sind schärf-
stens zu unterscheiden. Die Schwelle ist eine Zone.“

\*

Die Totenwache ist eine Zone

\*

„Damals, vor dem großen Kriege, da sich die Begebenheiten zutru-
gen, von denen auf diesen Blättern berichtet wird, war es noch nicht
gleichgültig, ob ein Mensch lebte oder starb. Wenn einer aus der
Schar der Irdischen ausgelöscht wurde, trat nicht sofort ein anderer
an seine Stelle, um den Toten vergessen zu machen, sondern eine
Lücke blieb, wo er fehlte, und die nahen und die fernen Zeugen des
Untergangs verstummten, sooft sie diese Lücke sahen. Wenn das
Feuer ein Haus aus der Häuserzeile der Straße hinweggerafft hatte,
blieb die Brandstätte noch lange leer. Denn die Maurer arbeiteten
langsam und bedächtig, und die nächsten Nachbarn wie die zufällig
Vorbeikommenden erinnerten sich, wenn sie den leeren Platz
erblickten, an die Gestalt und an die Mauern des verschwundenen
Hauses. So war das damals!“ (Roth, S. 136)

\*

Die Toten altern nicht. Das ist ihr Privileg. Confusion Epitaph: das
Alter der Toten, das eingefrorene Zeitbild. Photogramm

\*

58

Präsenz des großen Krieges im Zimmer: an keiner einzigen Stelle des Films, wenn ich mich nicht täusche, an keiner Stelle ist vom großen Krieg die Rede. Die

Pest, das dreißigjährige Massaker etc. Virus im Datenspeicher der Menschheiten, sklerotische Sedimentationen, die kein Ritus-Kultus verflüssigt, hat, wird, bislang, versteinertes Kollektiv, Mimikry Memoriae

Präsenz des großen Krieges, sein Verschweigen, diese Verneinung ist eine der Konstituenten des Films, die geheime Logik seiner Geschichte, die er erzählt auf so wunderbare, so wundersame Weise

*

Vatergrab Curriculum, Kreislauf open end: 1959, im Oktober, sei er gestorben, endlich gestorben, erlöst vom Leiden, der Qual, dem Schmerz, von seinem Tumor, nein, mon dieu, nicht „im Gedächtnis", im Gehirn, im Gehirntumor im Gehirn nistet. Vatergrab. Er war 47 Jahre alt. Eingeholt, in ein paar Jahren, sieben noch, rasch, eine Frage und eine Form des Überlebens, eine andere, Übermensch über Übersetzung, eine Frage der Übersetzung, der unmöglichen surviving by numbers, das ist nicht nur komisch, mein Lieber, surviving by numbers, outliving

*

Die Pest, die Ratten

*

das Leben, das ich so liebe, das Leben, it's so fuckin' great to be alive, Zappafrank ein Asteroid irgendwo, auf seiner womöglich elliptischen Bahn durchs All, im Internet abrufen, jawohl Zappalink prima Sache, eine witzige, als hätte sein Tod, ausgerechnet seiner keine Spuren hinterlassen Schleifspuren auf der Außenhaut feinversponnener Gesänge, einer verschämten Trauer – passion play ad astra, Asteroid irgendwo ein Asteroid namens Zappafrank, heißt es und ein Bild, eine Graphik obendrein, Einbildung ein

Bild: auf dem Innencover von „Yellow Shark": Mr. Frank Zappa, längst totkranktot, abgelichtet mit anderen. Er-ist-tot-wird-sterben. Punktierte Einbildung? Kein Bild von ihm je gesehen, das ihn in einer derartigen Haltung zeigt, schauen Sie es sich an, der Tod über ihnen keineswegs, vertraut diese Trautheit, nie ein solches Bild mit Mr. Frank Zappa nie gesehen, so kurz vor seinem Tod, Cancer cancel, ein Grab und sein Grabstein, als ob sein Grabstein durchs All flitzt, Zappafrank, ein Asteroid, ein Grabstein, der mit irrer Geschwindigkeit, „speed" klingt viel besser, nicht?, der seine Bahn zieht um die Sonne, Sol, durchs All, wieder und wieder und Sternzeit was weiß ich, irgendwann jedenfalls wird Jean-Luc, don't forget die Hauptdirektive!, wird Mr. „Unser Mann im All" Rhodan, irgendwann landen auf Zappafrank und, na ja, eine Gesteinsprobe nehmen, was sonst?

                              *

Wir werden über den Schmerz zu reden haben, die Emotionalität, ich meine den Skandal eines namenlosen Schmerzes. Namenlos?

                              *

eingeholt surviving by numbers – „„Ein Verwandter?', fragte der Wärter zerstreut. ‚Mein Vater.' – ‚Das ist hart', sagte der andere. – ‚Ach nein, ich war noch kein Jahr alt, als er gestorben ist. Sie verstehen also.' – ‚Ja', sagte der Wärter, ‚trotzdem. Es hat zu viele Tote gegeben.' Jacques Cormery erwiderte nichts. Gewiß hatte es zu viele Tote gegeben, aber was seinen Vater betraf, so konnte er sich keine Pietät aus den Fingern saugen, die er nicht empfand."[31]

                              *

Man sollte sich vergegenwärtigen, daß das geläufige Phänomen der ihre Eltern überlebenden Kinder durchaus neueren Datums und zudem meist auf die hochindustrialisierten Länder beschränkt ist. Noch im 18. und 19. Jahrhundert etwa war die durch Krankheit, Unterernährung, hygienische Verhältnisse etc. bedingte Kindersterblichkeit so hoch, daß die Aussicht, die eigenen Eltern zu überleben, für ein Kind nicht unbedingt günstig war. Et vice versa: für einen Vater, eine Mutter war es allemal üblich, eines oder auch mehrere Kinder eigenhändig zu Grabe zu tragen. So war die Bedeutung, die ein einzelnes Kind hatte anbetrachts auch der sehr viel höheren Kinderzahl innerhalb der Familien, geringer als heute unter den Bedingungen der Einkind- oder allenfalls Zweikindfamilien. Was man also heutzutage gemeinhin als „normale Ordnung" begreift, hat seinen soziohistorischen

Index. Wenn also Antigone davon spricht, daß, wenn das eigene Kind tot sei, man flugs ein neues zeugen könne, so klingt das für heutige Ohren befremdlich, womöglich zynisch; für die Zeit des antiken Griechenland aber durchaus pragmatisch, lebenstüchtig, nüchtern, eher prosaisch.

Index, soziohistorisch

*

surviving by numbers – „„Ich lasse Sie jetzt allein', sagte der Wärter. Cormery trat näher an den Stein und sah ihn zerstreut an. Ja, das war wirklich sein Name. Er blickte nach oben. An dem blasseren Himmel zogen langsam weiße und graue Wölkchen, und vom Himmel fiel abwechselnd zartes, dann dunkleres Licht. Um ihn herum auf dem weitläufigen Totenacker herrschte Stille. Nur von der Stadt her drang ein dumpfes Tosen über die hohen Mauern. Manchmal ging eine schwarze Gestalt zwischen den fernen Gräbern entlang. Den Blick auf das langsame Dahinsegeln der Wolken am Himmel gerichtet, versuchte Jacques Cormery unter dem Geruch der feuchten Blumen das Salzaroma zu wittern, das gerade vom fernen, unbewegten Meer her kam, als ihn das Klirren" (Camus, S. 33)

*

Lévinas-Lektüre: „Der Tod des Anderen ist der erste Tod."

Dieser Satz ist ein Paradigma, eine Kategorie, ein Prinzip und ein Telos. Ein Schicksal. Mit diesem Satz lädiert Lévinas die Episteme, die Epistel der Ego-Thanato-Logik von Platon über Paulus bis Heidegger, die christlich-griechische Allianz zur Konsolidierung des „jemeini-

gen", des einen Todes. Kümmert euch nicht um Sokrates! Europä-
ischer Hochadel allenthalben, uraltes Establishment also von Platon
über Paulus bis Heidegger et passim, missing link Rilke

\*

Wir werden über den Schmerz zu reden haben, die Emotionalität,
ich meine den Skandal eines transzendentalen Schmerzes, transzendental

\*

surviving by numbers – „als ihn das Klirren eines Eimers gegen den
Marmor eines Grabes aus seiner Versunkenheit riß. In dem
Augenblick las er auf dem Grab das Geburtsjahr seines Vaters, und er
merkte, daß er es nicht kannte. Dann las er beide Jahreszahlen,
‚1885-1914‘, und rechnete mechanisch: neunundzwanzig Jahre.
Plötzlich überfiel ihn ein Gedanke, der ihn bis ins Mark erschütterte.
Er war vierzig Jahre alt. Der unter dieser Steinplatte begrabene
Mann, der sein Vater gewesen war, war jünger als er.
  Und" (Camus, S. 33f)

\*

Vater gestorben/Mutter alt

\*

surviving by numbers – „Und die Welle von Zärtlichkeit und Mitleid,
die auf einmal sein Herz überflutete, war nicht die Gemütsregung,
die den Sohn bei der Erinnerung an den verstorbenen Vater über-
kommt, sondern das verstörte Mitgefühl, das ein erwachsener Mann
für das ungerecht hingemordete Kind empfindet – etwas entsprach
hier nicht der natürlichen Ordnung, und eigentlich herrschte hier,
wo der Sohn älter war als der Vater, nicht Ordnung, sondern Irrsinn

und Chaos. Die Abfolge der Zeit selbst zerbrach rings um ihn ...“ (Camus, S. 34)

*

Index, soziohistorisch. Das hört sich gut an, gewitzt, synthetischer Erkenntnisgewinn allerdings, soziohistorische Bedingungen des Selbst, der Selbstkonstitution und der Weisen seiner Selbstverhältnisse, seiner Erfahrungshorizonte. Index aber, dessen Kenntnis, und das ist seltsam, für das, was man noch Erfahrung nennen könnte oder auch nicht, Erleben meinetwegen, Diltheydeutsch, oder auch nicht, jedenfalls für die Binnenperspektive, zugegeben kein schönes Wort, für die Innensicht, das Innen, das Ich, genauer gesagt: „ich“, dessen Kenntnis in dem Moment, wo es darauf ankommt, keinerlei Bedeutung und Relevanz, die keinerlei Effekt hat und je haben wird. Darüber müßte man sich Rechenschaft ablegen. Das läßt den Status und die Relevanz dessen, was man Wissen nennt, nicht unberührt. Das Wissen um die kulturhistorischen Konstitutionsbedingungen gegebenen Leidens ändert nichts an seiner Faktizität. Das Leiden, das gleichsam empirische, gleichsam transzendentale Leiden, factum brutum, es wird von keiner Kenntnis soziohistorischer Indizes berührt, gefiltert, geschweige denn gemildert. Das Leiden, das namenlose, es bricht und zerreißt wie einen Schleier, aggrediert die Erfahrungshorizonte, Rahmensprengung der nur je möglichen Formen von Erfahrung. Ein Leiden, das durch kein Wissen, keine Kenntnis oder sonstige Form theoretischer Kodierung relativiert werden wird und kann. Zerreißpunkt des erlösenden Schmerzes, sagt Simone Weil, die Halbheilige, die, verfangen, verstrickt in ihre göttliche Tragödie, diesen Schmerz nicht benannte und vielleicht auch nicht kannte. Diesen Schmerz des anderen Todes, des Todes-des-Anderen, Schmerz dieser, genau der, er ist, er bleibt, maßlos, das Unmaß schlechthin, apeiron und das Entschaffen des Ich
   Zerreißpunkt

*

plausibilitätsdefizitreduzierter Diskurs kaltauserpreßter Worte wie Schraubstöcke um das Schädeltrauma derartiger Sätze, derartig notgezüchteter Sätze, Daumenschrauben am Luftkörper der Sprache, die aufschreit als hätte verbrannt, Herr Prof. H., „Kredibilität des Denkens in deutscher Sprache in der Welt" meinetwegen, alle Achtung, famose Leistung, famos, famos, nur – welche Sprache eigentlich, welche S p r a c h e und

Herr Prof. H., was bleibt vom ursprünglichen, ihrem „Selbst", dem basalen oder was sonst noch Vertrautsein mit sich, ihrem transzendentalen Narzißmus, ihrer Kredibilität mit „sich", wenn, gestatten Sie?, nach Ihnen bitte!, wenn der Andere der ist, der stirbt, wenn, pardon, der Tod des Anderen

wenn der Tod des Anderen der erste Tod ist

\*

Man sollte unterscheiden, fürs erste zumindest, Unterschied zwischen der Quantität und Qualität des Todes, des anderen: die Quantität definiert sich über die Zahl und die Zahlen, über das Numerale schlechthin und in welcher Form auch immer, sei es als Frage der Menge, sei es als Frage der raum-zeitlichen Lokalisation; die Qualität definiert sich über die Intensität, die innere Bestimmtheit, die der andere Tod als der dieses einen zeitigt. Wobei, man sollte das nicht unerwähnt lassen, wobei es (strukturell)

eine Quantität der Qualität gibt, ein Maß an Intensität, das den absoluten Punkt anzeigt, der Autoimplosion, man könnte auch sagen, der Herzeinwandung, eine Art Einstülpung Unterdruck, zur Blutblässe geronnen und, gleichviel eine Qualität der Quantität, ein Umschlag allenthalben der Quantität in Qual, in eine Quellung, eine Quelle für gewisse sensible Sensationen, ein Gefühl ein wenn auch abstraktes, Tuchfühlung Tuch, Hüllung,

(dynamisch) einen Umschlag der Quantität in Qualität et vice versa, ja , so ist das

\*

„Die Abfolge der Zeit selbst zerbrach rings um ihn" – Bei solchen

Sätzen sollte man verweilen. Das lohnt sich. Die Abfolge der Zeit selbst zerbrach rings um ihn, eine Abfolge, die überdies mit dem Motiv einer „natürlichen Ordnung" assoziiert ist: Was zerbricht also? welche Abfolge? welche Ordnung? welche Zeit? Das sollte man genau überlegen. Und was sind die Bedingungen dieses Zerbrechens – der Zeit? oder nur ihrer Abfolge? Und was heißt schon „nur"?, wenn die Zeit womöglich gar nichts anderes ist als Abfolge, als irreversible Sukzession, als das Hintereinander der Momente, als Ordnung, natürlich, ja wenn

Die Bedingung des Zerbrechens jedenfalls, das ist der tote Vater, hier, jedenfalls in diesem Fall, und es gibt ohne Zweifel noch andere und andersgeartete, hier jedenfalls die stillgestellte Zeit in Relation zum „Werden und Vergehen" der Zeit der Lebenden, der Lebens-Zeit der Lebenden, Relation oder Spannung, zunehmende Spannung mithin bis zum Zerreißpunkt, bis zum Eklat, Platzen der Zeit oder Zeitordnung, bis zu dem exakt datierbaren, berechenbaren Moment, wo, Confusion Epitaph, der Sohn älter ist als der Vater. Das ist es! Das ist der Irrsinn und das Chaos. Das ist

Unfug, Unverfügtheit oder, in Heideggerdeutsch, Un-fuge der Zeit, die Zeit aus den Fugen, sie ist, aber bis zu welchem Punkt, Grenzpunkte, an denen die Zeit aus den Fugen gerät, Grenzpunkt ein möglicher hier das „jetzt", qualifiziertes „jetzt" das Datum und

endlich „Hamlet" – Hamlet!

\*

Glück/Verhängnis: „ich bin, um es in Räthselform auszudrücken, als mein Vater bereits gestorben, als meine Mutter lebe ich noch und werde alt."[32]

\*

Confusion Epitaph: das Datum, Präsent einer Präsenz, Gabe oder Mitgift, pures Gift jedenfalls für wen oder was auch immer, für eine Oligarchie der Zeiten, ihre Hierarchie. Und ihre Anarchie. In meinem Namen nistet mein Tod als ein anderer. Im Datum allerdings, allerhand haust die Konfusion. Epitaph

*

In der Nacht vom 8. zum 9. Mai 1990 verwüsteten fünf Männer den jüdischen Friedhof in Carpentras. Für ihre Tat benötigten sie mehrere Stunden. Dabei schändeten sie auch das Grab des erst im vorangegangenen April im Alter von über achtzig Jahren verstorbenen Félix Germon, indem sie den Toten ausgruben und im Leichentuch über den Friedhof schleiften.

*

Confusion Epitaph Wolfmann-Epilog: als hätte er immer nur ein Wort im Munde geführt oder führen wollen. Der Wolfmann der rasierwassersaufende der rasierwasserkotzende my epitaph. Ja, und so war das dann. Eines Tages. Das letzte, was ich von ihm hörte, war die Annonce eines Gesangs eight miles high. Seitdem die Postkarte Manhattan Postcard, die irgendwo irgendwas an irgendwen adressiert, der in einer Badewanne lag und verdunstete schon längst. Brown Sugar Mountain, Schneeschmelze. Seitdem Postkarte seitdem Trauerlied stillgestummtes. Epitaph.

*

Hamlet, verfluchter Narr! Das Zögern Hamlets. Das Schweigen Phädras. Der Zorn Achills. Warum zögert, zaudert Hamlet? Welcherart Hemmung? Die Fakten, Fakten, Fakten liegen auf dem Tisch. Habe das nicht verstanden; und wer überhaupt? „The time is out of joint", ausgerenkt, verrenkt, aus den Fugen, Derrida spricht von einer „Disjunktur der Zeit"[33] und spielt damit vor allem auf eine gewisse Beschädigung des Präsens an, der Präsenz des Präsens, Vergegenwärtigung einer Gegenwart, die aufplatzt wie eine Wunde, Zeitwunde: „Fügung", so Derrida, „einer radikal unverfugten Zeit ohne die Sicherheit einer Konjunktion."
  Ohne (die Sicherheit einer) Konjunktion, coniungere, verbinden. Unverbundene Zeit oder Zeiten: was hier, bei Hamlet und anderswo geschieht, sich ereignet, respondiert auf gewisse Weise mit dem in Benjamins „Thesen über den Begriff der Geschichte", und nicht nur

dort, entwickelten Gedanken einer Aufsprengung des histori-schen/temporalen Kontinuums als der „natürlichen Ordnung" der Zeit. Überhaupt, kann man sagen, kranken Benjamin-Lektüren nach wie vor, so scheint es, allzuoft an einer zu „ontischen" Lesart des strukturellen Gefüges seiner „Thesen". Oder nicht? Jedenfalls wäre es lohnend, Benjamins Begriff der Geschichte auf seine zeittheoretische Implikation hin zu befragen, lohnend, sie mit Heideggers „Augen-blick" zu konstellieren. Oder auch mit Sartres negationstheoretischer Ontologie der Zeiten und Zeitdimensionen (Theunissen). Ein Sche-ma: Der Augenblick unterscheidet sich vom „natürlichen" und Hei-degger würde sagen, vom „vulgären" Zeitpunkt dadurch, daß er, nun, wie soll man sagen, gleichsam ein Zeit-Raum ist, der Vergangenheit und Zukunft allererst in sich versammelt, sich ihnen öffnet, sie ein-lädt mithin, sie herberuft, provoziert, der in Konstellation tritt zum jeweils Vergangenen und Zukünftigen, das genau so allererst i s t. Zeit-Bild oder „dialektisches Bild" und Sein der Zeit: erst wenn die „natürliche" Ordnung zerbrochen ist, das Zeitkontinuum, das Zeitband V-G-Z, faltet sich die Zeit, in sich, wird sie räumlich, tritt nebeneinander, was „natürlicherweise" hintereinander situiert ist. Zeit-Bild oder „dialektisches Bild" und Sein der Zeit: wie im letzten Bild aus Tarkowskijs „Serkalo" (Der Spiegel), wo die Generationen, Fest der Lebenden und der Toten, ja auch Reitz, „Heimat" als Zeit-Raum oder -Traum, wo die Generationen, die Toten und die Leben-den, V-Z, sich in einer Gegenwart versammeln, in/auf einem An-we-sen, Sein-lassen des Gewesenen und Zukommenden, let it be Hei-degger hat das stets, nicht wahr?, zweifach, ambivalent, fast könnte man sagen, zwielichtig verstanden, Sein-lassen als Zu- und Ab-Lassen von ..., nicht wahr?, Doppeldeutigkeit, die das Erinnern und Ver-gessen in der Schwebe hält, auf der Schwelle, wie der Stein gewor-dene Schmerz, der Grabstein, der Steinort des Schmerzes – wäre das ein Schema, ein mögliches, und es gibt andere noch, ein Schema für die Totenwache?

Soweit jedenfalls. Die Destruktion der sukzessive geordneten Zeit ist die Bedingung ihrer Faltung, ihrer Verräumlichung, ihrer, ja, auch das, ihrer Reversibilität. Wiederkunft der Vergangenen, ja sogar, Ankunft des Gewesenen, das erst „jetzt" ist, i s t – wie bei Proust, bei dem erst in dieser spezifischen Art der unwillkürlichen und unwil-

lentlichen Erinnerung etwas „nachträglich" wirklich wird, i s t. Etc.
etc. Daran

schließt sich, wie auch sollte das anders sein, eine Unmenge höchst
diffiziler Probleme an. Eine fürwahr unglaubliche Komplizität,
glauben Sie mir, jahrelang herumgeschlagen, mit dem größten
Vergnügen übrigens, und ich weiß nicht mal warum. Man weiß
eigentlich nie, warum man sich damit beschäftigt, man weiß das nicht
und wird es nicht wissen: Freiheit/Spontaneität/Philosophie. Irgendwann damit angefangen, damals, mit sieben oder acht oder neun
Jahren, er konnte Ewigkeit nicht denken, können Sie sich das
vorstellen?, ewiges Leben, Leben nach dem Tod, nicht denken und
dann, das war die Katastrophe!, die ihn aus der Welt herauskatapul-
tierte, in der Wohnung herumgelaufen, panisch vor Angst, ein un-
endlicher, ein unfaßbarer, ein Schrecken über Schrecken, panisch,
konnte Ewigkeit nicht denken und Nicht-Ewigkeit nicht, die Ewigkeit
des Lebens und die Ewigkeit des Todes, das Unendliche nicht und
nicht das Endliche, brachte das nicht zusammen, ihn fast um den
Verstand, dieses Problem, das ihn verfolgte und verfolgt und verfolgte, wie ein Wahnsinniger, mit der Rasierklinge in der Hand, ein gutes
Dutzend an Jahren später auf dieses Problem wiedergetroffen, bei
Kant, war überrascht, verblüfft, Kinderfragen Kants Antinomien, der
Heilige Thomas, auch dort, gewiß und und und, und damals begann
sie, die stille Liebe zu Kant, Achtung, an diesem Punkt, genau an
diesem, damals, die Philosophie, nicht überlebt womöglich, ohne sie,
sie erlaubte, wem, und wie soll man sagen?, ihm, wen?, sich zu erfin-
den, mir „mich", Fathers of Invention, meine Freunde

\*

Unverbundene Zeit oder Zeiten: Wunde unverbunden, Wunde in
einer Wunde, offene Wunde wie eine Stadt, eine Zeit, die sich nicht
schließt

\*

Stella: Stern-in-Stern. Sprecher des Stern-Bilds, damals. Oder früher.
Damals, drei Tage nach Sartres Tod, im April 1980, im April, ein paar

68

Tage, nachdem, Du weißt, am 11. April, freitags, den Vertrag gelöst, einfach so, so geschrien dann, der Bruch, die Trennung, erlösender Schmerz keiner, überhaupt keiner, nur Schmerz nur, damals

ein paar Tage später betrat zum ersten Male die Universität, was für ein Augenblick!, Freiburg, besuchte zum ersten Mal ein Philosophie-Seminar, das ausgerechnet, was für ein Zufall!, das sich „Sartre" widmete. Ausgerechnet. Guzzoni, verblüffend, sie machte keinerlei Aufhebens davon, keinerlei, „seltsamer Zufall" und dann – ad rem! Von einem Moment zum anderen das Buch eines Toten in der Hand, einer mehr, ein „Werk" mehr, von einem Moment zum anderen, ein Buch mehr, Buchrücken an Buchrücken, in Reih und Glied wie Steine, Soldatenfriedhof der Buchstaben, buchstäbliche Ordnung

ein Jahr später, fast auf den Tag genau, fast, der Unfall, Freudenstadt, er sieht die Straße, den Nebel, die Kälte, nie dagewesen nie

*

Sterne und Engel, die Vögel fast noch ein Vogel

*

Zerreißpunkt/Grenzpunkt: punktierte Zeit, punctum. Wunde in einer Wunde, punctum, so Roland Barthes, punctum der Zeit, Krümmung, in sich, vor Schmerzen krümmen, bis, ja bis, manchmal, bis zum Rücklauf, Reversion und ein Geist, Hamlet, Dir sage ich es, Dir, der Mörder, REDRÖM, der Vater

*

wenn der Tod des Anderen der erste Tod ist, werden

wir über den Schmerz zu reden haben, die Emotionalität, die Passion, die Affektion, ich meine den Skandal eines transzendentalen Schmerzes; transzendental jedenfalls dann, wenn der Tod des Anderen der erste Tod ist. Denn den Tod des Anderen, den anderen Tod, auf diese Position zu rücken bedeutet, ihm einen transzendentalen Status einzuräumen, seine ihm von Heidegger u.a. zugewiesene, lediglich empirische Qualität gleichsam aufzuwerten. Das aber hat Konsequenzen auch für die Faktizität des Schmerzes, Konsequenzen für den Bereich des Emotionalen überhaupt, das mit dem Tod-des-Anderen einhergeht. Lévinas hat deshalb zweifellos recht, wenn er sich nicht mehr nur auf die „Angst" konzentriert, sondern eben auch auf den „Schmerz". Durch die Bestimmung des Todes-des-Anderen als des ersten Todes, seine Apriorisierung gleichsam, verschiebt sich, wie man sieht, das gesamte kategoriale System, das das Bild, das man sich vom Tode gemeinhin machte, präformierte.

*

Emotion Flutung, Überflutung, das Herz mein kleines, Heart attack, restlos, out of order, Unfuge der Zeit, Zeit ist aus den Fugen, jedenfalls
ein Schmerz, ein namenloser, nennloser Schmerz, der das Ich, „mich", flutet, flutete, überflutete, überflutet restlos ohne Grund, ohne Halt, wie eine in sich stürzende Sonne, Implosion endlos, „mich", passion play ad astra, ohne Securitas, ohne Gott- und Selbstvertrauen, wie „basal" auch immer, wo alles schwindet, ausgelöscht, alles restlos, das Ich und seine Zeit, die Zeit ordentlich, alles nichts, plötzlich ganz nackt, ohne Schamhaare, Rücklauf der Zeit, rasend schnell, wie heißen Sie?

*

Lévinas-Lektüre: der andere Tod als der erste; der Schmerz: ausgezeichneter Hebel, via regia nachgerade, einer phänomenologischen Reduktion, die selbst noch das Residuum phänomenologischer Ausdeutungsgewißheiten grob verletzen wird. Wozu? Woraufhin? Umwillen der Labilisierung, der Infragestellung, der Delegitimation einer Form und eines Selbstverständnisses von Subjektivität, die, was ist und nicht ist, aus dem mittelpunktschweren Horizont des „Ich denke mich denkend" entwirft, erfaßt und dergestalt adaptiert. Umwillen eines anders als „Ich", umwillen des „ich" – unmögliche Singularität, wie man weiß oder auch nicht –, dem der andere kein

70

anderes Ich ist, sondern, so Lévinas, „anders ist als Ich". Anders ist als Ich: der einzelne, singulus, ist einzelner nur in und durch eine Beziehung – eine „Beziehung ohne Beziehung", sagt Lévinas – auf den anderen, ist nur und allein aufgrund dieser Verschränkung oder Konstellation, deren Abstraktion allererst das hervorbringen wird, was sich als selbständig, isoliert, solus ipse eben, selbst und als Selbst zu denken weiß und dieses Wissen zu sichern, zu akkumulieren und zu inaugurieren etc. Via regia: nicht der Traum, sondern der Schmerz, Phantomschmerz einer an Haupt und Gliedern amputierten Seele, die, hätten Epikur und seine Kumpane recht, gar nichts mehr fühlen dürfte oder könnte. Aber die Seele fühlt „nichts", in der Tat, „nichts", das es gibt, „es gibt nichts", das der andere Tod gibt, das „nichts" einer Abwesenheit, deren Präsenz über alle Anwesenheit, über alle Präsenz hinaus manifest ist, wie, Eschaton Angelus, der letzte der Engel, fallender Stern fallender: „Sein Sohn war tot. Sein Amt war beendet. Seine Welt war untergegangen."

*

Irgendwann, durch eine Kollision vielleicht, vielleicht durch den Einfluß, Influenza, gewisser Gravitationskräfte, fernwirkender und weitreichender und raumgreifender Energien, irgendwann wird Zappafrank aus seiner Bahn geworfen, ich sehe das deutlich vor mir, die zehn Milliarden Jahre, die die Sonne noch, äußerster Fluchtpunkt unserer Gattung, meint M. Lyotard, nein, nein, es kommt alles ganz anders, glauben Sie mir, Zappafrank, unser aller Grabstein, zu trudeln beginnen, kaum merklich zuerst, ein leises Vibrieren, Zittern und, man hat das zu spät, viel zu spät bemerkt, leider, da war nichts zu machen, und Kollisionskurs zur Erde, Rückblutsturz zur Erde, Cliff, nichts zu machen, General Wamsler tobt Herrgottogott, wir müssen doch etwas tun, General!, eine kleine Weile nur, mit großer Wucht Zappafrank eine gewaltige Detonation Detonation und

## 5

Serkalo, Rückseite des Spiegels, die Dinge nämlich. Die Dinge mit den Augen jener sehen, die sie nicht mehr sehen. Die sie „nicht mehr sehen", ausnahmslos nicht mehr. Die andere, die Rückseite des Spiegels, all die Dinge die. Die Dinge. Augenmusik Tarkowskij und das auch: der Traum der toten Mutter

*

So eine Art Vor-Hegel, Walten der einen Wahrheit im Wandel des Historischen, irgend etwas in der Art, in Neapel geboren gestorben, Giovanni Battista Vico habe Humanus von inhumare abgeleitet. Inhumare oder im klassischen Latein humare: beerdigen, bestatten, humo: ich bestatte, ich beerdige, ich begrabe. Das „humanum", die Menschlichkeit des Menschen, also leitete sich vom dem ab, was man die Bestattung nennen könnte? Et vice versa: inhumatus – unbeerdigt, unbestattet, unbegraben. Conditio inhumana oder inhumatus, das wäre dann dasselbe? Das Selbe? Ich jedenfalls, „Ich" wäre und wahrte die Humanität, die Menschlichkeit überhaupt nur als der eine, der beerdigt, der den Toten, den oder die, der zumindest, der. Wahrt oder die Wacht. Türhüter demarcatio Zone: die Leiche, vergessen wir das nicht

*

Urwaldtarzan! Die dunkle Seite der Prolepse, die finstere, dunkle und böse Seite: der Wunsch, der sich erfüllt, ist die Vernichtung. Die Erlösung vom Tod ist der Tod. Das Auge, Marie! Einer dieser vielen Väter, dieser vielen totgeglaubten Väter, im Photo verwüstete Väter im Photo, das wir betreten, im Photo, das er eines Tages betreten wird, den anderen Tod mit dem einen neutralisierend, denkt man. Nullsummenspiel, Marie! So viele Namen, Eschato-Tango in Paris and elsewhere

*

Um Hegel nicht zu vergessen, Lévinas, der kein Wort verliert über Antigone, ausgerechnet, wird einiges über Hegel sagen, der ja, „immerhin", die Leiche würdigte, genauer gesagt: den Toten. Afrikanische Sentimentalitäten, vorab die „Neger". Sie haben, schreibt Hegel, keine Religion im eigentlichen Sinne, da ihnen nichts Höheres als eigenständige, vom Menschen unabhängige Macht entgegentrete. Was er nachgerade als Definition der Religion überhaupt ansieht. Das Gegenteil von „Religion" nämlich sei der „Fetisch", magisches Machtmittel in Menschenhand zur Kontrolle des Numinosen, Sakralen, Tabuierten, fauler Zauber mithin, Budenzauber oder Berührungsreliquie erster, zweiter oder sonstiger Ordnung, so nennt man das beim Oberzauberer im Rom. Aber immerhin, die Neger, auch sie haben die Nase schon oben, Erhabenheitsschnuppern, flüchtige Spurenelemente des Transzendenten, Absoluten. Meint Hegel. „Was aber auf etwas Höheres bei den Negern hinweist"

*

Die Leiche, das Verlebte, Abgelebte, die Leiche hohler Buchstabe, ausgeblutetes Alphabet

*

So als ob: „Was aber auf etwas Höheres bei den Negern hinweist, ist der *Totendienst*, in welchem ihre verstorbenen Voreltern und ihre Vorfahren ihnen als eine Macht gegen die Lebendigen gelten. Sie haben dabei die Vorstellung, daß diese sich rächen und dem Menschen dieses oder jenes Unheil zufügen könnten, in eben dem Sinne, wie dies im Mittelalter von den Hexen geglaubt wurde; doch ist die Macht der Toten nicht über die der Lebendigen geachtet, denn die Neger befehlen ihren Toten und bezaubern sie."[34]

*

Muttertraum: die Dinge mit den Augen jener sehen, die sie nicht mehr sehen werden. Die Dinge der Toten. Ihre Stimme am Telephon, das kannte er genau, die brüchige, pergamentpapierdünne Stimme, raumlos, klanglos, eine Klangfarbstauchung wie eingefallen in sich wie eingefallen ihre Stimme als sie sagte, ankündigte, noch einmal an einen anderen Ort, eine neue Wohnung. „Was hältst du davon?" Ja, was? Das wird, wußten sie, wird die letzte Station sein, dein Ort zum Sterben. Bauen, Wohnen, Denken. Sterben. Der Kreis schließt sich. Wußten sie beide und wußten, daß der andere es wußte. Jenseits der Worte. „Ich finde, das ist eine gute Idee." Eine gute Idee, und schreien hätte er können, hätte er wollen, müssen, schreien wie Kind nicht wie mamaschreien plärren. Ganz trocken der Mund plötzlich zugeschnürt der Hals die Kehle das Herz, mon cœur, Wundbrei geschlagen, Herzknotung als schlüge ein erstes und ein letztes Mal angina pectoris psychotrop, todtraurige Trope. „Was hältst du davon?" Er: „Eine gute Idee". Ihr kommender Tod eingenistet in seinem Herzen wie eine Rattenbrut

*

Humanus von inhumare abgeleitet. Inhumare oder im klassischen Latein humare: beerdigen, bestatten, humo: ich bestatte, ich beerdige, ich begrabe. Humare, humanus: „humus", Muttererde, auf das Grab Erde die. Fließkomma: humare, homo, humus, ecce! Muttererde, Vater Äther. Alchimie der Totenwache: das Feuer, das Wasser, die Luft, die Erde. Geviert der Elemente, das Geviert

*

Die Augen zerrissen in der Erinnerung kommender Trauer, damals, am See, eine Windböe plötzlich erfaßte ihr Kleid plötzlich, ihre Haare, so glücklich sie war, Kindheitsorte, wann das war, als er sie das

75

letzte Mal so sah, jemals so, über die Straße wie ein Kind fast, in schnellen, kurzen, federnden Schritten, fast getanzt, fast gehüpft, fast wie ein Kreisel gekreist, fast, so glücklich und die Windböe in ihrem Haar wie ein dumpfer Schlag, Verwehung als ob. Der Tod schon als ob. Föngesichte. Der Windbote kommender Trauer kommender. Auf dem Absatz drehte er sich um, den Blick zum See nun und die Tränen in seinen Augen, die schwarzgeränderten Tränen, die „ungesäumten", machten ihn für einen übermächtigen Augenblick blicklos, augenblickloses Unglück, blind wie ein blindgeborener Wal

*

Augenmusik, Arnika Augentrost

*

Das habt ihr gutgemacht, liebe Neger, auf etwas Höheres hinweisen, Totendienst; doch nach dem Semikolon und einem „doch" folgt der Tadel auf dem Fuße. Mein lieber Neger Erwin, das Bezaubern der Toten ist zu unterlassen! Eine Macht gegen die Lebendigen, Totenrache für was, bitteschön, für was? Totenrache als ob es das nicht gäbe, als ob sie nicht kämen, in der Nacht, als ob sie nicht wiederkehrten vor der Zeit, die Lebenden heimzusuchen, als wollten sie sie verzehren. Als ob sie nicht kämen, in der Nacht, wenn alles schläft. Voodoo Child in time, die Affenpfote, das Pochen an der Tür, das laute Pochen

*

Augenmusik, Arnika Augentrost

*

ausgeblutetes Alphabet, die Toten als eine Macht gegen die Lebendigen, toter Buchstabe Leichenschau, Leiche, der Tote, Tod, der bei Hegel, Einsatz Lévinas, bei Hegel, dessen „Logik" ja noch das Sein mit dem Nichts verrechnete, das Nichts als absolute Instanz minderte, relativierte auf das Sein hin, Sein, Positivität schlechthin, rein, ohne alle Bestimmung, massiv gleichsam parmenideische Massivität, der also den Tod als Movens des Gedankens in Dienst nahm etc. Die Leiche aber, berühmte Passage aus der „Phänomenologie", so Lévinas, die Leiche/der Tote und der Tod, ausnahmsweise, hier als „der absolute Herr".[35] Die Szene wird durch folgende Differenz strukturiert: menschliches Gesetz/Staat/Mann – göttliches Gesetz/Familie/Frau. Und weiter: Ordnung der Vernunft – Ordnung des Blutes. Und weiter: Äther – Erde. Eine Struktur, die gewiß den tragischen Konflikt nachgerade anzieht, magnetisch. Antigone talking. Doch Lévinas ausgerechnet, der Hegelleser, verliert kein Wort über Antigone, Lévinas also geht es um anderes. Er schreibt,

paraphrasiert: „Die Moralität der Familie ist eine andere als die des Staates. Sie ist im Staat und hat viele Tugenden des Staates; sie zieht Kinder auf, bereitet Bürger für den Staat vor, und in diesem Sinne dient sie dem Verschwinden der Familie." Soweit, so gut. Aber mit diesem „Verschwinden der Familie" begnügen Lévinas-Hegel, seltsames Pärchen, nicht?, begnügen sie sich nicht: „Aber es existiert eine der Familie eigene Sittlichkeit, die sich ausgehend von ihrer irdischen Moralität auf die unterirdische Welt bezieht und die darin besteht, *die Toten zu begraben*." (S. 94)

*

Moralität, die Toten zu begraben, Totendienst, irdisch, unterirdisch, afrikanisch eben, schwarze Erde, Heilerde humus

*

Die Moralität, das sittliche Prinzip der Familie oder ihre Allgemeinheit, sie muß, da sie sich von der des Staates unterscheidet und, um überhaupt zu sein, unterscheiden können muß, eine Allgemeinheit sein, die nicht die des Bürgers, des Staatsbürgers ist. Die gesuchte, dringend erforderliche nichtbürgerliche Allgemeinheit des Einzelnen ist die des „Toten". Voilà! Lévinas schreibt,

paraphrasiert: „Der Tote ist jemand, der ein allgemeines Wesen besitzt ohne Bürger zu sein. In der Beziehung zum Schatten liegt eine der Familie eigene Tugend. Die Pflicht gegenüber den Toten besteht in der Pflicht, sie zu begraben, und diese macht die eigentliche Tugend der Familie aus. Der Akt des Begrabens stellt eine Beziehung zum Toten und nicht zum Kadaver dar." (ebd.) So

*

So jedenfalls sagt das Lévinas am 12. März 1976. Wobei, Quadratur des Kreises, die Beziehung zu einer Einzelheit, die zugleich von sittlicher Allgemeinheit ist, eine, so Lévinas, „Beziehung zu einem Schatten" sei. Der Tote als Schatten, Schattenreich. Der Paraphänomenologe Lévinas, wäre doch gelacht, würde ihn diese Trope nicht anziehen wie das Licht die Motte: „obschon", immerhin!, „obschon man keine weniger verdinglichende Annäherung vollziehen kann als Hegel, da der Tod hier weder Sache noch Person ist, sondern ein *Schatten*." (Lévinas, S. 97) „Hier" also und bei Hegel liest sich das so:
  „Die Handlung also, welche die ganze Existenz des Blutsverwandten umfaßt und ihn – nicht den Bürger, denn dieser gehört nicht der Familie an, noch den, der Bürger werden und *aufhören* soll, als *dieser Einzelne* zu gelten, sondern ihn, *diesen* der Familie angehörigen Einzelnen – als ein *allgemeines*, der sittlichen, d.i. einzelnen Wirklichkeit enthobenes Wesen zu ihrem Gegenstande und Inhalt hat, betrifft nicht mehr den *Lebenden*, sondern den *Toten*, der aus der langen Reihe seines zerstreuten Daseins sich in die vollendete *eine* Gestaltung zusammengefaßt und aus der Unruhe des zufälligen Lebens sich in die Ruhe der einfachen Allgemeinheit erhoben hat. – Weil er nur als Bürger *wirklich* und *substantiell* ist, so ist der Einzelne, wie er nicht Bürger ist und der Familie angehört, nur der *unwirkliche* marklose Schatten."[36]
  Der Einzelne also ein Schatten, unwirklich mithin wie Schatten eben so sind; doch ein Schatten, dessen durch den Tod verbürgte Totalität seiner Abschattungen eine Allgemeinheit eigener Art, eine, so Hegel, „eigentümliche Sittlichkeit" (S. 330) wenigstens ermöglicht. Vielleicht etwas vorschnell, nicht ohne Grund indes, setzt Lévinas diesen „Schatten" als des Einzelnen mit dem Tod, dem Toten und dem toten Einzelnen gleich. Die Handlung gleichwohl, die diesen toten Einzelnen, den toten Schatten, von einer nur natürlichen

Allgemeinheit – natürlich, weil nichts natürlicher ist als der Tod und der Tod all das, was den Menschen über die bloße Natur erhebt, Kants „Reich der Freiheit" etc., in bloße Natur rückverwandelt – von einer natürlichen Allgemeinheit zu einer sittlichen erhebt und d.h. dem unmittelbaren natürlichen „Gewordensein" das, so Hegel, „Tun eines Bewußtseins" hinzufügt, ist die Inhumation. Sie aber beträfe nicht die Leiche, sondern den toten Schatten. Lévinas:

„Der Akt des Begrabens stellt eine Beziehung zum Toten und nicht zum Kadaver dar."[37]

\*

Inhumation: Ecce Homo humans humatus

\*

Eine Frage der Übersetzung vorab: „L'acte d'enterrer est une relation avec le mort, et non pas avec le cadavre."[38] Wobei das französische „cadavre" eigentlich der deutschen Vokabel „Leiche" entspricht und weniger dem eher pejorativ verwandten „Kadaver". Das zumindest mußte gesagt werden. Aber, davon abgesehen, kann man das so einfach sagen: Beziehung mit dem Toten und nicht mit der Leiche? Wenn die Inhumation eine Beziehung zum Toten und nicht zur Leiche darstellt, bleibt doch festzuhalten, daß offensichtlich ohne die Leiche, die bestattet wird, diese Beziehung zum Toten gar nicht aufgenommen werden könnte, oder nicht? Die Leiche als Movens der Beziehung zum Toten, als Organon oder Medium. Die Leiche toter Buchstabe, ausgeblutetes Alphabet, Signifikant des Toten, totes Zeichen des Toten, Schattensignifikat. Und wenn

Und wenn die Lebenden durch die Bestattung, wie Lévinas sagt, eine Beziehung mit dem Toten und nicht mit der Leiche haben, unterhalten oder aufnehmen, welcherart ist dann die Beziehung zwischen dem Toten und der Leiche? Zweifache Verneinung – was die Sache nicht einfacher macht: der Tote ist nicht identisch mit der Leiche; der Tote ist nicht nichtidentisch mit der Leiche. Anders gesagt: die Leiche ist der Tote und die Leiche ist nicht der Tote: Schattenspiel

*

vom Geruch, dem Gestank, dem ekelhaften,

*

Inhumation: Die Familie halte, schreibt Hegel, vom Toten, das „ihn
entehrende Tun bewußtloser Begierde und abstrakter Wesen" ab;
wobei er kurz zuvor auch von „den Kräften abstrakter Stoffe" sprach,
die nun ihr Werk am Toten verrichteten, und man kann also, darf
man?, davon ausgehen, daß Hegel hier mit jenem „entehrenden
Tun" den Akt, den „natürlichen" Vorgang der Verwesung meint.
Oder nicht? Verwesung, der Gestank, der Ekel, dieser widerliche
Skandal! Hegel
    schreibt: „Dies ihn entehrende Tun bewußtloser Begierde und ab-
strakter Wesen hält die Familie von ihm ab, setzt das ihrige an die
Stelle und vermählt den Verwandten dem Schoß der Erde, der ele-
mentarischen unvergänglichen Individualität; sie macht ihn hier-
durch zum Genossen eines Gemeinwesen, welches vielmehr die Kräf-
te der einzelnen Stoffe und die niedrigen Lebendigkeiten, die gegen
ihn frei werden und ihn zerstören wollten, überwältigt und gebun-
den hält."39

*

Das Kind/die Leiche: wer brennt? was brennt? Lichterloh?
Tatsächlich brennt beides irgendwie, brennt die Leiche und das
Kind, das tote Kind oder der Tote, fängt Feuer und verbrennt. Nicht
ganz. Feu la cendre. Asche bleibt. Brennt die Leiche und das Kind,
das tote Kind oder der Tote. Der Tote aber ist nichts, nicht, ohne
seinen wie auch immer gearteten Rest, Leichenrest. Ohne die
Fluchtspur seines Schwindens. Die „teure Leiche", sagt Freud. Wäre
nämlich der Tote von der Leiche etwas ganz Verschiedenes, wäre der
Tote absolut, dann wäre die Leiche bedeutungslos, hätte gar keinen
Sinn, wäre die Leiche Kadaver, sonst nichts, jedenfalls keine „teure
Leiche". Die Beziehung zum Toten, der nicht mit der Leiche identisch ist, ist ohne die Leiche oder den Leichenrest, ohne die

Aschenspur nicht, gar nicht und nicht wirklich. Es gibt keine Beziehung zum Toten ohne den Corpus fugens oder

Brennt die Leiche und das Kind, das tote Kind oder der Tote: das Umfassende, der Bereich, der beides einschließt und erfaßt, das ist der „Schatten", nicht wahr?

*

vom Geruch, dem Gestank, dem ekelhaften, nicht schweigen und nicht schweigen können

*

vermählt dem Schoß der Erde: Verwesung wäre für Hegel wesentlich ein Akt der Zersetzung, der Auflösung, Zerstreuung, der Dekomposition. Auseinanderfallen einer Einheit, der Einheit des Physischen wie Metaphysischen. Dekomposition: genau das also wäre das Scheußliche, Widerwärtige, Abstoßende. Deshalb die Pflicht der Familie, den Verwandten dem Schoß der Erde zu vermählen, weil in diesem Schoß die Erde die Wärme der Bauch, Bauch

*

Corpus fugens oder, manchmal auch das, die Dinge, von ihm und von ihm zeugend, dem Toten, ihn bezeugend, als das, was, manchmal, zurückbleibt, rester ici, einzig

das, wie der Fetzen Stoff, den einer plötzlich in Händen hält, seine Reisetasche sei das gewesen, Stoffetzen aus einem jäh herabstürzenden Flugzeug und dann, wie aus heiterem Himmel, der Zusammenbruch, das Brüllweinen das, einzig

das

*

Inhumation, Amplifikation und Adversation der Totenwache. Denn überschreitet nicht die Totenwache einige der Restriktionen, die die Hegelsche Inhumation kennzeichnen? Die erste wohl, die jede weitere schon in sich trägt, ist die der oder auf die Familie, die im Gegensatz zum Staat gedacht wird, woraus der Gegensatz zwischen menschlichem und göttlichem Recht sich ableitet, zwischen Recht und Gerechtigkeit. Nicht die family, nicht nur jedenfalls: man müßte und könnte auch von Lacans Antigone-Lektüre auf Hegels Konstruktion zurückblenden, die „göttliche Gerechtigkeit" durch die singuläre Positionalität im Verhältnis Lebender – Toter, lebender Schwester – toter Bruder, ersetzen und d.h. verändern, erweitern. Nicht nur Familie: oder mit Lacan oder auch Heideggers Meditationen über die „göttliche Gerechtigkeit" sie, die „Gerechtigkeit" (dikè), als eben genau diese irreduzibel singuläre Beziehung, singuläre Positionalität, zwischen Lebender und Totem lesen. Irreduzibel singuläre Beziehung ohne Beziehung. Bruderfunktion. Nicht Bruderblut, wenn man das sagen kann. Nicht nur Familie, nicht nur die Inhumation, nicht erst und nicht schon, Bruderfunktion

*

Bruderfunktion, Bruder als ob und saß auf dem Bett und erzählte ihnen, den Liebenden, diesem unmöglichen Paar eines Sommers, den ein ungleich gespaltener Mond verwüsten sollte, bald, erzählte, daß er den Tod schon in sich, irgendwann, bald oder später, unbestimmt und irgendwann würde er kommen, hätten sie ihm gesagt, hätte er keine Chance, hätten sie ihm, der
  der amerikanische Freund, der deutsche. Der deutsche Freund, sein Freund, mit dem er den „amerikanischen Freund" sah, damals, Lichtschattenspiel einer Freundschaft, die eine eigentümliche Sittlichkeit des Totenwache über den Tod hinaus unbedingt fordert unbedingt, ein Leben noch ein Leben jenseits des Lebens, jedenfalls mußte ihn, erst später, Jahre danach wohl, als er den unmöglich Liebenden davon erzählte, davon, uns, vom Tod in seinem „Blut", erzählte, fing ich an zu begreifen, über Jahre hinweg bis auf den heutigen Tag, ja bis „jetzt", genau jetzt, wurde mir klarer und klarer, was das „damals" für ihn hatte bedeuten müssen, was das war, „Der „amerikanische Freund", der deutsche neben ihm, jedenfalls
  mußte ihn damals dieser Film mehr als alles andere sonst in den Bann schlagen, damals neben mir, der ich nichts ahnte, gar nichts

und noch nichts wußte, Blutsbrüder und

und hatte den Namen seines Vaters. Im Namen des Vaters, des Bruders. Funktion

des Bruders, der kein Bruder ist, saß auf dem Bett und, wie soll ich sagen, ich habe das schon im selben Moment vergessen und nicht vergessen, irgendwie weiß ich es und weiß ich es nicht, somehow. Wie durch einen Nebel, durch einen Schleier, der sich schon im selben Moment, als er „davon" sprach, auf die Lider senkte, vergessen hieß, was nicht vergessen werden kann. Wie eine große Müdigkeit, die einen nicht schlafen läßt. The big sleep, Bruder. Bruderfunktion gibt es, es

gibt kein Brudersupplement für den Bruder, der kein Bruder ist, für diesen, auch für diesen nicht, singuläre Positionalität des Anderen-im-Selben, in mir, ganz,

*

„Der Tote", schreibt Hegel, „da er sein *Sein* von seinem *Tun* oder negativen Eins freigelassen, ist die leere Einzelheit, nur ein passives *Sein für Anderes*" (ebd. S. 333), ein passives Sein für Anderes also

*

Was also soll die „eigentümliche Sittlichkeit" – nicht nur der Familie – der Inhumation anderes sein, wenn nicht Indiz und Indikation einer ursprünglichen Entfremdung, Aliénation, des Todes als solchen; wenn nicht Indiz und Indikation der unhintergehbaren Konfusion zwischen dem *einen Tod* und dem *anderen Tod*; wenn nicht Indiz und Indikation des Todes als eines anderen; wenn nicht Indiz und Indikation meines Sterbens für andere, meines Todes für andere, Schattendasein also, Schatten, der sein Sein anderem, wie man weiß, verdankt und für anderes oder andere ist. Ich/Schattentod/Schattentoter, allgemeine Sittlichkeit des irreduzibel Singulären und ein „passives Sein für Anderes", für Andere, anderer Tod anderer

*

vom Geruch, dem Gestank, dem ekelhaften, den Sankt Lenin unter seiner High-Tech-Käsetotenglocke nicht mehr oder noch nicht verströmt, nicht schweigen und nicht schweigen können. Verströmt wie Vater Sossima, der neumodische Starez, wie der stinkt, zu stinken beginnt zum Himmel, vertikale Progression allmählich, verströmt im Sommer der Schmetterlinge, der Heilige, der Säufer, der Heilige und das Unheil, unheilige „Verwirrung", so steht es da, die Verwirrung, so also, ad rem:

„Zur Sache denn. Als man, noch vor Tagesanbruch, den zur Bestattung bereiteten Leichnam des Starez in den Sarg gelegt und in den vorderen Raum gebracht hatte, in dem sonst die Besucher empfangen wurden, da hatte sich unter denen, die sich um den Sarg aufhielten, die Frage geregt, ob man die Fenster öffnen solle. Ausgesprochen wurde die Frage nur von einem, kurz und beiläufig, und sie blieb ohne Antwort, ja fast unbeachtet – höchstens daß der eine oder andere sich selber, wiederum ganz im stillen, die Antwort gab, es sei wahrhaftig unziemlich, zu erwarten, daß der Körper eines solchen Entschlafenen sogleich verwesen und Verwesungsgeruch ausströmen werde; die Kleingläubigkeit und Leichtfertigkeit dessen, der so etwas fragt, verdiene sogar Mitleid, wenn nicht Spott. Was man erwartete, war doch das genaue Gegenteil."[40]

*

Eine dieser Minuten, Aljoscha, only one, aber was für eine. Also: Lauf los! Dreh Dich nicht um! Renn! Los! Renn weg!

*

„Was man erwartete, war doch das genaue Gegenteil. Und da, am frühen Nachmittag begann etwas, was die Hereinkommenden und Hinausgehenden anfangs nur stumm für sich vermerkten, wobei offenkundig ein jeder sich scheute, einem anderen den Gedanken mitzuteilen, der sich da in ihm meldete; doch was da begann, tat sich gegen drei Uhr schon so deutlich und unleugbar kund, daß die Nachricht davon augenblicks die ganze Einsiedelei durcheilte und alle Pilger, alle Besucher der Einsiedelei erreichte, sogleich auch ins

Kloster drang und bei allen, die im Kloster lebten, Bestürzung hervorrief, schließlich in allerkürzester Zeit auch in die Stadt gelangte und dort alle aufwühlte, die Gläubigen wie die Ungläubigen. Die Ungläubigen frohlockten, und was die Gläubigen betrifft, so fanden sich etliche unter ihnen, die noch mehr frohlockten als die Ungläubigen, denn ‚es liebt der Mensch den Fall des Gerechten und seine Schmach‘, wie der verstorbene Starez in einem seiner Lehrgespräche selbst gesagt hatte. Geschehen war dies:“ (S. 12)

*

war dies: Kriechströmung wie ein Gas von brechaufreizender Wucht, im Sommer der Schmetterlinge, ein heißer, glühendheißer Sommer und ein Gestank, pfauenäugig, der durchs Haus kroch, pfaueneinäugig, klobig und derb, unbeholfen fast und aufdringlich wie einer jener aufdringlich, durchs ganze Haus, durch alle Ritzen und Fugen, ein Gestank, ein unglaublicher, an den kann er sich erinnern, ja, erstaunlich, Gestank erinnerbar, putreszentales Gedächtnis wie die Pest, Pesthauch, die Pest, die Ratten und wäre wohl auch, was der Beamte Fink[41] zu bedenken vergaß, verständlicherweise bei all der, sagen wir einmal, kodierten Daseinsnot, kotierten, und wäre wohl auch der einzige Gestank von sich, den man, von sich selbst, nicht erträgt, nicht ertragen kann, wenn man können könnte, im
Sommer der Schmetterlinge also, schaffte man, schafften sie ein „passives Sein für Anderes“, ausgeblutet, weil er nicht mehr wollte, ausgebluteter Hautfettsack aus dem Haus, das zurückblieb mit diesem Gestank, Pesthauch, wie eine Anklage wie oder
als ob alle Anderen, und wer wäre sonst verantwortlich für, dafür, Sargnageltief guilty!, weil er nicht mehr wollte, der alte Säufer, der immer wegblickte, um nicht grüßen zu müssen, verschämt wie ein junges Mädchen, schamrot, weil er nicht mehr wollte, aus dem Haus, seit Wochen tot und ein Gestank, den auch der Beamte Fink von sich nicht ertragen hätte, wenn er, wäre er tot, ihn denn riechen könnte. Tote riechen sich nicht. Ihr Glück. Gestank für Anderes oder Andere, Leichenschmaus ausgefallen, einmal mehr

*

„war dies: Vom Sarge ging allmählich, doch immer bemerkbarer werdend, Verwesungsgeruch aus; gegen drei Uhr des Nachmittags war er schon ganz deutlich wahrzunehmen, und er verstärkte sich noch." (S. 12) Da

haben'ses! Ein Heiliger verwest? Ein Säufer, meinetwegen. Aber ein Heiliger? Ein Heiliger und ein Verbrecher mitnichten, Neonlenin, ein Heiliger besagt die

„besagt die Überlieferung, sie hätten wie Lebende in ihren Särgen gelegen und seien ohne eine Spur der Verwesung begraben worden, von ihren Gesichtern sei im Sarge sogar etwas wie ein Leuchten ausgegangen" (S. 13)

\*

Wortfleisch Logos, uncle meat, als wäre der Schmerzensmann, Sie wissen, wen ich meine?, als wäre ER, als wüßten wir immer noch nicht zu deuten, den Sinn zu deuten, SEINES Todes, Schmerzensmann, der EINE, der seinen Tod für alle anderen, anderer Tod also, starb, oder nicht? Erlösung vom Tode vom, von welchem denn von

\*

etwas wie ein Neonleuchten vielleicht, kaltes Licht kaltaltes, andererseits für Aljoscha, der Fastnarr, der Fastheilige, der Fastidiot, für Aljoscha war das alles zu viel, ein wenig die Verwirrung und und allein

„schon vom Antlitz des Jünglings war abzulesen, welch tiefe Wandlung sich in dieser Minute in ihm vollzog" (S. 24) In dieser Minute und dennoch, man höre genau hin

„Dennoch bekenne ich offen, daß mir selbst es sehr schwerfiele, jetzt klar wiederzugeben, welchen genauen Sinn diese seltsame und unbestimmte Minute im Leben des von mir so geliebten und noch so jungen Helden meiner Geschichte hatte." (S. 25) Rekapitulation: Es fällt ihm *sehr schwer*, wiederzugeben, *klar* wiederzugeben, welchen *genauen* Sinn diese seltsame und unbestimmte Minute. Einige Zeilen weiter aber gibt uns der Erzähler – man verwechsele ihn nicht mit Väterchen Dostojewski! – uns durchaus und recht klar den genauen Sinn zu verstehen, oder nicht?

„Wenn man nun direkt fragt: ‚Hat denn wirklich all diese Schwermut und diese Bangigkeit nur deshalb über ihn kommen können, weil der Leichnam seines Starez, statt unverzüglich Heilungen zu bewirken, einer vorzeitigen Verwesung anheimfiel?‘, so antworte ich ohne Umschweife darauf: ‚In der Tat, so war es.‘“ (S. 25) Und das auch, Sie verstehen, macht die ganze Sache so schwer nachvollziehbar, so schwer verständlich. Ein einfach gestricktes Gemüt eben, der Aljoscha, könnte man meinen, naiv eben, einfältig, idiotisch, von intransigenter Blödigkeit, der Idiot der Familie Karamasow, Dostojewski aber

aber, wenn man einmal Erzähler und Autor identifizieren wollte, Proseminarfehler!, Dostojewski weiß genau, von was er da spricht, „er“, ganz genau, und das macht ihm die Sache so schwer, erste Etappe, zweite

\*

Etappe, Schmerzensmann, Christus der erste, der starb, ganz und gar, Wortfleisch Logos, sterblicher Logos, nicht wie Sokrates‘ Himmelfahrt oder Mariä oder, sondern tot, mausetot, totes Bleichfleisch und
zwischen Karfreitag und Ostern gibt es kein
Kontinuum, gar nicht, kein Kontinuum, keinen Übergang, keinerlei Bezug, nichts von der Art, allem petripapamobilen Geplappers zum Trotz. Wer erträgt diese Wahrheit-und-das-Leben-nicht-von-dieser-Welt-Ich-bin-Ich-die-Wahrheit? Nicht von dieser welcher dann von welcher? Von welcher welche Wahrheit, wer erträgt das überhaupt dieser Idiot, wer

\*

Neonlenin, electric Lenin, einer dieser staatsstützenden Küsse, Bruderkuß Judas, Schneewittchensyndrom, nichts zu machen, meine Herrn!, oder
Konservenballade von Kräften abstrakter Stoffe abstrakter Wesen abstrakter, Leichenkonserve, schrecklich also auch das
das auch noch, stand zu lesen, daß vermutlich aufgrund einer Chemotherapie, vielleicht auch wegen gewisser Spätfolgen der langdau-

87

ernden Aufbahrung in Kühlzellen oder eben Chemotherapie, der sich der eine oder andere vor seinem Tod habe unterziehen müssen oder wollen, wie dem auch sei, daß also chemotherapeutische Behandlung vermutlich eine Art Konservierungseffekt im Gefolge habe und in den Niederlanden, wo, heißt es, die „Totenruhe", die „gesetzliche", nur zehn Jahre betrage, man neuerdings Leichen ausbuddelt, die wohl noch ein paar Jährchen bräuchten, die, Schneewitt-chen-syndrom massenhaft, fabelhaft aussähen, ganz tadellos, prächtig gehalten, alter Knabe, fabelhaft und

aber genau das, in diesem Falle, das ist schrecklich, schrecklich, fast schön, nicht die verweste, die schon verweste Leiche, sondern, zumindest in diesem Falle, die noch nicht verweste Leiche, die kaum verweste, das sei schrecklich, die Totengräber die

„Die Totengräber finden es schrecklich, dabei auf kaum verweste Leichen zu stoßen",[42] schwere psychische Belastung und so weiter

*

häßlich, häßliche Wahrheit, Tod

*

gesetzliche Totenruhe und das Schreckliche daran sei, das Schrecklichste daran wäre, wenn der Tote, Moment des höchsten, des schaurigschönen Erschreckens in allen diesen Nacht-der-reitenden-Leichen-Filmen, prächtige Streifen zappacheap, was

was die Templer übrigens auch wieder nicht verdient haben, fernhinreichende Diffamierung von einem dieser Cäsaren oder wie man sie nennt, den

Moment des höchsten Erschreckens, wenn der Tote die Augen aufschlägt, wenn der Tote *als* der Tote die Augen aufschlägt, das, meine Lieben, wäre schrecklich und so weiter und was, gemeine Frage, was täte dann der Totengräber, gemeine blöde Frage, ich weiß, was machte er? Der Totengräber den Zatopek, was sonst und so weiter

*

Idiot, der da, Reminiszenzen zwischen Baden-Baden und Basel, zwischen Nietzsche und Tarkowskij und dem „Idioten" und diesem einen Bild, dem Bild, Kadaverikone eines Jüngstverwüsteten, ein Bild, von dem Dostojewski in seinen Tagebüchern spricht, Holbein, irgendwann einmal gelesen, wie zufällig, irgendwo, das ihn, sein Anblick allein, in einem Augenblick, in einer „Minute" vernichtet haben muß. Er weiß also, von was er da spricht, durchaus der Aljoscha Idiot Fürst, der Fjodor Michailowitsch D., und wenn man, ja wenn man „direkt" fragen wollte: ob denn wirklich all diese Schwermut und diese Bangigkeit nur deshalb über ihn habe kommen können, weil der Leichnam, SEIN Leichnam so ohne alles und weiteres, so sehr Leichnam und nichts sonst, gar nichts, geschlagener, geschundener Leib und Fleisch und Fäulnis und gar nichts sonst, so antwortete ich, wer immer sonst noch, antwortete: „In der Tat, so war es", antwortete: Ja und nochmals Ja

\*

häßlich, häßliche Wahrheit, Tod, weil und wie das Häßliche in den Tod komme, das Geripppe, Knochenmaske die grinsende, die immergrinsende, das Häßliche also, mein lieber Lessing, inniggeliebter, weil
    weil das der Anblick, eidos, ascipere, die Aspektion des Todes ist, der Aspekt oder die Aperspektive eines Todes, der ein anderer ist, und weil der andere Tod kein randständiger, ephemerer, sekundärer, sondern der Tod selbst der Tod als solcher ein anderer ist, weil seit, vor zweitausend Jahren einer, EINER diesen anderen Tod starb, den Fleischtod, der diesen Anblick hat, genau diesen, mein lieber Lessing, das ist, mein lieber Lessing, die ganze häßliche Wahrheit des Todes, wenn es eine Wahrheit, solch eine gäbe, aber es gibt sie nicht, keineswegs, noch
    einmal die Totalität des Todes, SEINES, der ein anderer ist, SEINES Todes, der total war, war und ist, nicht sokratisch, wortfleischwörtlich, und weil in genau diesem Moment, wo ein Tod, der eine Tod total zu werden beginnt, der andere Tod, genau in diesem Moment, wirklich wird, unerträglich wird, unerträglich, nur dieser Rest da, nichts sonst, das ist das da, der Gesalbte, leichenblaß erloschen, noch

einmal der Tod ist real, ist die Realität als der andere, der Tod des Anderen ist die Realität, die realisierte Realität des Todes überhaupt und ist es, weil und nur weil durch den Tod des Anderen der Tod als solcher real wird und ist, noch

einmal und noch einmal Christus

*

Christus das da und dieses Bild, Hans Holbeins „Christus im Grabe", das in Dostojewskis Büchern, in seinem Kopf herumspukt, wie ein Wahnsinn, gell?, der gespaltene Spalter, Schädelspalter Raskolnikow einer

dreifaltigen Einigkeit der Brüder im toten Vater, der einfältig Heilige, der lebensgierige Verbrecher, der Wortsetzer, Seelenpartitionen einer mehrfach gespalteten Harddisk Dostojewski in partes tres, den dieses icon, diese Kadaverikone den Verstand geraubt hätte, fast, dieses Bild

„stellt eine Kreuzesabnahme dar. Soviel ich mich erinnere, pflegen sonst die Maler das Antlitz Christi stets mit dem Abglanz einer besonderen überirdischen Schönheit zu bedenken, der demselben auch während der ärgsten Folterqualen erhalten bleibt. Davon war hier" – Interpollation: hier, auf dem Bilde Holbeins, das Rogoshin besitzt – „gar keine Rede."[43]

*

Keine Rede von Schönheit, hören Sie hin Herr Lessing, keine Rede von Schönheit und warum, weil

„keine Rede. Im Gegenteil, es war, mit grausiger Naturtreue, die grausige Darstellung eines buchstäblich zerschundenen Leichnams, dem man es förmlich ansah, wie das Opfer schon vor der Kreuzigung gefoltert, von der Wache und vom Volke geschlagen und gepeinigt worden sein mußte, um schließlich, nachdem es bereits einmal unter dem schweren Kreuz zusammengebrochen war, noch sechs Stunden lang an ebendiesem Kreuz zu Tode gemartert zu werden (so lange muß die Prozedur nach meiner Schätzung gedauert haben). Was man hier sah, war wirklich der, beinahe noch lebende, warme Körper

90

eines Menschen, den man *in diesem Augenblick* vom Kreuze herunter-
holt: Noch sind die Muskeln nicht erstarrt, noch krampft, als spüre
sie der Tote noch, in diesen verzerrten Zügen die ganze unmensch-
liche Qual, die er durchlitt. Das hatte der Künstler ergreifend zum
Ausdruck gebracht. Daß er dabei auf jede Idealisierung verzichten
mußte, ist begreiflich. Er beschränkte sich eben auf das Wirkliche, so
und nicht anders muß der Leichnam eines Menschen aussehn, der
derartigen Qualen ausgesetzt wird. Man weiß ja, daß die Kirche selbst,
schon in den ersten christlichen Jahrhunderten als Dogma festge-
setzt hat, Christus habe nicht symbolisch, sondern wahrhaft gelitten.
Also muß auch sein Körper voll und ganz den Gesetzen der Natur unterworfen gewesen sein. So war dieses Antlitz Christi: zerhackt von
Geißelhieben, übersät mit blutunterlaufenen, bläulich aufgequolle-
nen Flecken, die Augen weit geöffnet, mit schielenden Pupillen, das
Weiß des Augapfels unheimlich schimmernd in einem toten gläser-
nen Glanz ... Was aber nun das seltsamste ist, der Anblick dieses
geschundenen Leichnams veranlaßt den Beschauer unwillkürlich zu
der folgenden interessanten Frage" (S. 505f)

\*

nur zu, dann nur zu, Hippolyt, dessen Traum auf Kafkas Odradek,
auf Benjamins Odradek referiert, seine Reverenz erweist, der Traum,
Tiertraum eines fleischvergessenen Vegetariers, eine Frage interessante, Fleischdenken, eine

\*

eine „zu der folgenden interessanten Frage: Wenn wirklich die
Jünger des Heilands, seine künftigen Apostel, die Frauen, die um ihn
waren, als er am Kreuz hing, kurz, alle die, die an ihn und seine
Göttlichkeit glaubten, diesen entstellten, zerschundenen Leichnam
(und so ähnlich muß er ja ausgesehen haben) vor Augen gehabt
haben – wie war es dann möglich, daß sie bei solchem Anblick noch
an die Auferstehung des Märtyrers glauben konnten?" (S. 506)

\*

wie konnten sie bei dessen Anblick, Aspekt auferstehen beispielsweise, wie? Einige Zeilen weiter kommt das Tier ins Spiel. Das Tier,
die Maschine, die Natur. Dostojewski:

„Beim Anblick dieses Bildes erscheint einem die Natur wie ein
unerbittliches, stummes Ungeheuer, oder besser gesagt, obwohl das
sonderbar klingen mag: wie eine riesenhafte Maschine allerneuester
Konstruktion, die ohne Sinn und Verstand blind und gefühllos das
edelste, erhabenste Geschöpf zwischen ihren Rädern zermalmt, ein
Geschöpf, das wertvoller war als die Natur und ihre Gesetze, ja
wertvoller vielleicht als die ganze übrige Welt, die nur erschaffen
wurde, um diesem Geschöpf den Weg zu bereiten. Ja, dies ist es, was
das Bild zum Ausdruck bringt, was es einem suggeriert: die Vorstellung einer dunklen, plumpen, sinnlosen, aber in ihrer Sinnlosigkeit
ewigen Kraft, die rettungslos über alles andere triumphiert! Man
fühlt förmlich, wie die Umstehenden, die freilich auf dem Bilde nicht
dargestellt" (S. 506f)

*

Holbeins Christus ohne die ihn „Umstehenden", kein einziger,
Framework Jesus isoliert, die für die kunstgeschichtliche Tradition,
die heilsgeschichtliche, typische Beweingruppe, so heißt das, fehlt,
hier ganz, sind
    wir, nicht wahr?, WIR, vor unserem Toten, dem „Einen", um den
„sie", WIR, „sie herumstanden, weil er fremd war und starb",[44] der
EINE, der eine Schatten, Phantomschmerzensmann, sie, WIR herumstanden, stehen an einem dieser grauverhangenen Tage in Basel, vor
diesem Bild in ihm, WIR immerneue Zeugen wiederkehrende für
immer und immer und, ewig, Augenzeugen verstrickte schon oder, so
heißt das, Absorption des Betrachters also im aufgeschobenen Passiv
einer staubverhangenen Passion, Schleierdunst nackter, ganz passives
Sein für Anderes, für Andere, „WIR", für – alle und keinen

## 6

Ich bin tot.

*

Send me a postcard, drop me a line

*

Kalkweiß, die Laken aneinandergereiht, eines am anderen eines. Blendungen fast wie geblendet. Pesthauch man erinnere sich. Die Laken, die kalkweißen, im Wind als wäre der Tod schon, der weiße, als hätte der der pestweiße, als umhüllten sie dereinst die Toten, als verhüllten sie manchmal eine dieser außer Landes geschmuggelten Ikonen, Kadaverikone Rubljow, Dreifaltigkeitsikone mehrmals gefaltete, geblendete vom Kalkweiß der Bilder, oder Asche weiß wie geblendete Bilder blendende, weiß wie oder Schnee, snow, Schnee
  „snow falling faintly through the universe and faintly falling, like the descent of their last end, upon all the living and the dead"[45]

*

Totich, das wäre der letzte und der erste aller Tage, nochnicht, nichtmehr. Ichtot. Zu denken, ich sei nicht, bin nicht, gewesen und nicht mehr, brachte ihn an den Rand einer exorbitanten im Orbit, Exaltationen eines Jungverwirrten ohne eigentlich wohlmeinenden Leumund in der Nacht, Neumond einer zartverästelten Grimasse, blutjung klamme Kindheitsnächte rasend
  vor Angst. Kindheitstage annotiert im Buch der Frage, dieser ei-

nen, brachte ihn an den Rand, ganz nah, Randdenken dieses Totich-
tot. Ach, der Junge, was denkt der bloß schon wieder, geh spielen,
Junge, bleib nicht im Haus, im staubigen Zimmer mit einer Rand-
frage am Rande fast mutwillig zerstörerisch. Aber er geht ja nicht, er
bleibt im Haus, im zeitstaubigen Zimmer. Ichtotich, nein jaja nein.
Oder?

*

Postcard, me and my

*

Autounfall, Ahnungen eines Unfalls. Auto-Unfall. Was für ein Wort:
AUTO oder autos, autoj, oder Idioten als wären Autoren zumindest
Idioten, Serie von Autounfällen zieht eine Serie, für mich also. Für
mich: fangen wir einmal an mit Camus, nicht der erste nicht der letz-
te. M. Albert Camus, das Manuskript, das man aus dem Wrack zog, in
dem der Tote M. Albert Camus lag. M. oder MM, Mensch, der erste
Mensch Mayer, davor auch davor Angst, seit Jahren, und
   Und seit, vor was weiß ich wieviel Jahren, seit er in Derridas
„Postkarte", an einer, irgendeiner Stelle von diesem Fast-AUTO-
Unfall, las, seitdem hat er Angst um ihn, als wäre, als kenne er ihn.
Als ob er ihn nicht kenne. Und dann
   das: „Aus Zufall, und zuweilen knapp am Unfall vorbei, kommt es
vor, daß ich schreibe, ohne etwas zu sehen."[46] Man muß sich das wie
folgt, einige Zeilen weiter, vorstellen: „Ich kritzle dann mit der recht-
en Hand rasch einige Striche auf ein Stück Papier, das am Armatu-
renbrett befestigt ist oder neben mir auf dem Sitz liegt. Manchmal
schreibe ich auch, natürlich ebenfalls ohne hinzusehen, direkt auf
das Lenkrad." (ebd.) Zuweilen knapp am Unfall vorbei, zuweilen, die
Haare zu Berge, wie man so sagt, nicht wahr. Angst um sich, sich
selbst und, sein Auto, um ihn, eine in sich verschlungene Angst, über
die er, ich einmal, verwegen genug, schrieb und über die ich einmal
schreiben werde, die Angst, die mehrfach in sich eingeschlagene
Angst in Zeitungspapier für einen, der, ich, wie Frank Zappa, keinen
Führerschein hat, hatte, Führerschein, was für ein Wort und dann

94

das: „von jemanden, der mir einmal gesagt hatte, als wir im Auto über den Tod sprachen, und ich erinnere mich oft daran: ‚Das wird mir bald zustoßen'. Und das war wahr."[47]

*

Wirklich erstaunlich, fast eine ganze Flasche Cognac, scheußliches Gesöff, eine ganze Flasche fast und nicht einmal besoffen am, Telephon die meilenweit entfernte, Lichtjahre entfernt, die Stimme eines Beamten, noch eines, er heiße vom Polizeirevier und ob er die und die und die kenne. Als ob er die und die und die nicht kenne und nicht kennen könne, was für eine Frage. Ja. Er kenne sie, Autounfall, entfernt Lichtjahre entfernt, die ganze Ferne so nah, Lichtjahre, nirgendwie

*

me and my friend the cat, davon geträumt wie in einer Art Schuld-trance, me and my friend the cat into the night. Nachtblinde Katze. Ein Art Schuldtrance gelegentlich ausbleibender Sentimentalitäten, klag- und leidlos geschieden. Wäre das so? Er hat ihn, glaubt er jeden-falls, in diesem Augenblick, zwischen zwei Lidschlägen zweier Schmetterlingsflügel, nie vermißt eigentümlicherweise, aber warum? School's out meinetwegen aber warum

*

Unfallserialität diverser Auto-Monstrationen. Monstertruck movie. Eine ganze Serie also, Camus der erste nicht der erste, über Derrida auch sprechen spricht über Roland Barthes als, als „wir im Auto über den Tod sprachen". Einige Zeilen weiter zitiert Derrida aus einem Text Barthes, den er noch nicht, wie er sagt, gelesen habe, zur Gänze, zitiert folgendes zitiert ich zitiere das Zitat:

„„Ein weiterer Skandal der Aussage ist das Umwenden der Metapher durch das Schreiben. Tatsächlich ist es banal, den Satz ‚Ich bin tot!' auszusprechen. (...) Die Verkehrung der Metapher durch das Schreiben, *eben weil diese Metapher* unmöglich ist: die Aussage ‚ich

95

bin tot' ist buchstäblich ausgeschlossen. (...) Es handelt sich also, wenn man so will, um einen sprachlichen Skandal (...) es handelt sich hier um einen Performativ, aber ganz sicher um einen, den weder Austin noch Benveniste in ihren Analysen vorgesehen haben (...) der unerhörte Satz ‚Ich bin tot' ist durchaus keine unglaubliche Aussage, sondern viel radikaler die *unmögliche Aussage*.'" (ebd. S. 49)

*

Verkehrung der Metapher durch das Schreiben, zuallererst, scheint es, eine Frage der Majuskel oder Minuskel und, das auch, der Interpunktion, Punktion oder auch des „punctum":

„Ich bin tot!" – „ich bin tot" – „Ich bin tot": das also soll man nicht sagen können? Hört

her: „I am dead" – „I am dead"

*

die Stimme eines Beamten, noch eines, er heiße vom Polizeirevier und ob er die und die und die kenne. Und ob. Die Stimme, Lichtjahre in einem nu, nunc stans, Lichtjahre entfernt so nah übergleich nah. Das kennt man, optische Metapher: wie Hitchcock in „Vertigo", glaubt er, Kamerafahrt rückwärts und Zoom auf das Objekt zu, in einem und zugleich die Stimme in, in einem, und zugleich Lichtjahre entfernt die Ferne so nah, auf

getrenntesten Bergen die

Stimme dieses Beamten vom Polizeirevier das Blut, soviel Blutrotrauschen im Ohr im tauben, ein Rauschen weißklingendes Rauschen 70 000 Faden tief tief tiefer Blick ins Lotlose, tiefer Blick in ein jähzerbrochenes Kaleidoskop als ob, als wäre der Schwindel schwellend im Blutrauschen im Ohr im übertauben Ohr der Schwindel, Vertigo, Soglicht ins Lotlose

*

Relektüre: Krieg der Translationen: ich zitiere: „Einen weiteren Skandal der Aussage stellt die Rückwendung der Metapher in den Wortlaut dar. In der Tat ist die Äußerung des Satzes ‚ich bin tot!‘ banal"[48] Wie man sieht, die Dinge sehen, die Worte, Wörter, diesmal anders aus: nicht „Umwenden der Metapher durch das Schreiben", sondern „Rückwendung der Metapher in den Wortlaut". Ohnehin, der erste Übersetzungsvorschlag macht wenig Sinn, nicht wahr? Kann man „retournement de la métaphore en lettre"[49] mit „Umwenden der Metapher durch das Schreiben" rechtmäßig übersetzen? Kann man vielleicht. Aber ist es rechtmäßig, ist es gemäß? Die Sache entscheidet sich oder, zumindest, kann sich entscheiden über die Frage der Banalität, der Banalität des Banalen. Was ist banal? Was also ist das, was Derrida hier zuerst ausläßt: erstes „(...)". Und wohl auch im Original, dem sogenannten, im Französischen, auslassen kann, da offensichtlich nicht in Frage steht, was mit „banal" hier gemeint ist. Ich

zitiere: „In der Tat ist die Äußerung des Satzes ‚ich bin tot!‘ banal: Das sagt eine Frau, die den ganzen Nachmittag im Kaufhaus Printemps Einkäufe besorgt hat, beim Friseur war usw." Usw. also „ich bin tot!" hier bedeutete soviel wie „müde", „erschöpft", „ausgelaugt", wäre eine Metapher dafür, eine Metapher, die, nähme man sie wortwörtlich, buchstäblich, en lettre, skandalös wäre, ein „Skandal". Das leuchtet ein. Ein Skandal der Rede, „langage" und ein Skandal der Sprache, „langue". Denn, so Barthes weiter, in der Summe, der idealen Summe aller möglichen Aussagen der Sprache sei „die Verklammerung der ersten Person (Ich) mit dem Attribut ‚tot‘ genau die radikal unmögliche: Sie ist der leere Punkt, der blinde Fleck der Sprache ..." (Barthes, S. 290)

*

Zeugnisverweigerungsrecht gibt es

*

Rückwendung der Metapher in den Wortlaut, zuallererst eine Frage der Majuskel oder Minuskel und, das auch, der Interpunktion, Punktion oder auch des „punctum":

„Ich bin tot!" – „ich bin tot" – „Ich bin tot": das also soll man nicht sagen können? Hört her:

„I am dead", punktierte, wie zerstochen das „punctum" der Sprache. Barthes sagt oder
    schreibt: „Der Ausruf ‚Ich bin tot' ist ein explodiertes Tabu."
(Barthes, S. 291)

*

Photogrammatik einer so genau so nie zugeeigneten Reverenz meiner. Spiegelspiel der Väter der toten Väter alle all diese. Spiegelspiel
auf der Rückseite man kann sagen laut sagen einer so genau so nie
niemals. Auf meinem Bildrücken hinter die Notiz es gibt. Die Notiz
von einem zu einem anderen, die toten, toten Väter: war ich gemeint,
bin, werde gemeint gewesen gemeint, datiertes Interpunctum eines
nahekommenden ferngelegenen Todes ihm eines

*

-Ich-bin-tot!-ich-bin-tot-Ich-bin-tot-je-suis-mort!-I-am-dead-

*

nirgendwie die Nacht die Stunden, überstanden oder nicht wie, nirgendwie gestrandet am Fuße eines mächtigdrohenden Unheils absoluter Größe, kolossaler Größe, maßloser Größe eines Unheils maßloser Monstrosität. Sie hätten tot sein können. Auf der Stelle. „Sie sind
tot!" Der
    leere, blind geblendet, am Knochenmark punktierte, die skelet-
tierte Sprache wie eine Sprache, Rede, Sprache, die implodiert wie
ein nichtgemäßes Vakuum, weißverfugtes Vakuum eines alle nichter-
lösenden Schmerzes. „Sie sind tot!" oder „Sie ist tot!" oder sonst oder
nirgendwie. Die Angst. Der Schmerz. Für einen Moment, nunc stans,
atemloser Blindheit geblendeter, diesen Satz dieser im atemleeren
Raum. All die nichtgeweinten Tränen. Der Unfall, accident, wobei
ich immer an Zahnarzt denke, meinen ersten er ist tot schon lange
dieser Geruch, eigenartig stechend, klinisch, dieser Geruch. „Er ist
tot!" Das ist ein Skandal, das auch, kein semiotischer, semantischer,
hermeneutischer oder oder oder. Ein, im genauen, wortwörtlichen,

98

buchstäblichen, en lettre, buchstäblichen Sinn, ein fundamentalontologischer Skandal, Ereignisskandalon als ob die Seele implodierte als ob

*

„I am dead, Horatio" – das erste von zwei Malen, daß Hamlet, der nobile Zauderer, das sagt, am Schluß, am Ende, wo ein „Rest" wartet, ihn erwartet, den er „Schweigen" nennt. Silence, the storm. Zweimal, diesen „Hapax der narrativen Grammatik" (Barthes, S. 289), Hapax legomenon einer ganz und gar unmöglichen Sprache, eines ganz und gar unmöglichen Sprechens, wie auch immer es euch gefällt. Zweimal und zweimal geäschert von der Nomenklatur dieses Namens, wounded name verwunderter, warum und von was, wunder Name. Ich werde einmal mehr diese Szene belauschen, an der, einmal mehr, eine Trauer hängt, anhängt wie eine Drohgebärde nachwirkt, mich, ihn nie mehr zu verlassen, mehr als einmal belauscht er diese Szene diskret und behutsam, sacht, als käme es darauf an
    darauf: „HAMLET: Der Himmel macht dich frei! Ich folg dir. – Ich / Bin tot, Horatio. – Arme Königin: / Adieu! – Und ihr, die blaß und zitternd dasteht, / Nur stumm, nur Zuhörer, was hier geschieht; / Hätt' ich nur Zeit (der grimmige Scherge Tod / Führt streng mich ab) – Oh, ich könnte euch sagen! – – – / Doch sei es drum. – Horatio, *ich* bin tot, / *Du* lebst; von mir und meinem Fall sag denen, / Die's nicht zufrieden sind."[50] Horatio, der

*

gibt es Zeugnisverweigerungsrechte oder Recht, nieheimgekehrter Augentröster. Stirnhöhlenvereisung, du kleingewirkte Sintflut ausgetrockneter Tränensäcke auf, welches Wort auf welches Wort wortwörtlich bis dahin, bis heute, bis nirgendwie wartest, wartete er, der hellhäutige Zeuge, dünnwandig gehäutete Zeuge, welches einzige Wort, Augentröster Arnika, welches
    einzige Wort kommendes

*

Der arme Horatio aber, sieht das, vorerst jedenfalls, anders, will das ganze Theater nicht mehr mitmachen, hat das alles so satt, davon genug, reichlich, will mit, will mit Hamlet

„HORATIO: Nein; *das* glaub nicht! / Ich bin mehr alter Römer als ein Däne: / Hier bleibt noch ein Schluck." Doch Prinz Hamlet läßt ihn nicht aus, nicht aus dem Wort, dem längstgesendeten, zugestellten, per Nachname vor, dem zweifach akupunktierten Vornamen, Prinz Hamlet wiederholt, insistiert auf der Weisung: „HAMLET: Wenn

Wenn du ein Mann bist, / Gib mir den Kelch! Laß los! Bei Gott, ich wills! – / Guter Horatio! welch ein wunder Name – / Wenn alles so versteckt bleibt – lebt dann nach mir! / Hast du mich jemals in dein Herz geschlossen, / Bleib eine Zeit noch fern der Seligkeit, und / In dieser bittern Welt hol mühsam Atem / Und sag, wies mir erging. –" Kurze

Unterbrechung, Fortinbras poltert herein, gutgelaunt wohl nach diesem prächtigen Polengemetzel und

weiter: „HAMLET: Horatio, oh ich sterbe; / Das starke Gift benimmt mir ganz den Sinn; / ich leb nicht lang genug für Englands Nachricht, –/ Aber ich prophezei: die Wahl wird fallen / Auf Fortinbras; für ihn stimm ich im Sterben; / Das sag ihm; und was vorfiel, alles – alles, / Was dazu beitrug, daß ... Der Rest ist Schweigen."

\*

-ich-bin-tot-ich-bin-tot-ich-sterbe-

\*

datiertes und datierbares Interpunctum eines Photogramms hier, aber was heißt das. Hier: ein Photo des Großvaters, mit Hut, in einer Stadt, vielleicht Zürich wahrscheinlich, wo er lebte die Jahre nach der Flucht einmal, nach der Flucht vor „ihnen", irgendwie erinnere ich mich glaube ich mich zu erinnern, einmal dort besucht in Zürich, eine verregnete Straße, ein Zebrastreifen im Hintergrund, ein nobler Herr offenbar die rechte Hand auf einen Stock gestützt oder, vermutlich, auf einen Regenschirm. Der Blick, sein Blick, nicht auf die Ka-

mera gerichtet, nicht auf den „operateur", nicht auf „mich", der Blick
aus dem Photo heraus, ich. Ich kenne das Photo, genau sehr genau
oft angesehen früher oft das, das da ist dein

dein Großvater, merkwürdiges Wort, Großer Vater, merkwürdig
wenn nicht groß was, was sollten Väter die Toten die toten Väter sein
überhaupt sein, wenn nicht groß, überlebensgroß, Herr W. Ich

kenne das Photo, genau sehr genau oft angesehen früher oft das
Photo, kenne es genau, „Kuoni" im Hintergrund dieser Schriftzug im
Hintergrund „Taxi" im Hintergrund eine Verkehrsinsel ein Straßen-
schild im Hintergrund Menschen, die gegenüberliegende Straße ent-
langgehend im Hintergrund und dann

habe ich es unlängst einmal, das erste Mal, was weiß ich warum
überhaupt und erst jetzt, einmal umgedreht und da stand dann,
stand etwas, stand geschrieben. Diese Worte: „Meinem lieben, lieben
Karl bei dem ich immer in Gedanken verweile – Vater – Sanat.
Wiesneck. 1. IX. 1959"

*

Zeugnisverweigerungsrecht gibt es

*

Ich bin tot, dieses Ich-bin-tot, das ist, hier, „Hamlet", noch nicht buchstäblich und nicht mehr metaphorisch, nicht mehr im banalen
Sinne, eingekeilt zwischen diesem Nicht-mehr und Noch-nicht, als
dieses Zwischen selbst ist es ein Satz, ich hätte früher gesagt, vielleicht
heute noch und morgen ganz gewiß, ein Satz aus der ZONE, ORA in
der ZONE, jenem Raum, jenem Bereich, von dem der Stalker sagt,
daß er ständig seine Gesetze ändere. Ich

Ich bin tot, das ist, hier, noch nicht buchstäblich und nicht mehr
metaphorisch, vor allem aber appelativ: „Horatio!" Die Möglichkeit
dieses unmöglichen Satzes, die unmögliche Möglichkeit wird getragen einzig durch seine Adressierung, seine Postalität, das Geschick
seiner Schickung, die eine zweifache Aufforderung, genauer, schär-
fer, roher gesagt, einen zweifachen Befehl im militanten Sinne
enthält: erstens, „*Ich* bin tot": nicht Du, Horatio, Du hast nicht tot zu

101

sein, Du darfst es nicht sein, denn Du, Horatio, zweitens, bist der Zeuge, Du bist mein Zeuge, Zeignis, Ich

Ich bin tot, das ist, hier, noch nicht buchstäblich und nicht mehr metaphorisch und Derrida spricht am Schluß von „Die Tode des Roland Barthes" (was, eine Frage der Übersetzung, „Les morts", auch „Die Toten des Roland Barthes" heißen könnte und vielleicht auch müßte) spricht Derrida zwischen „dem Möglichen und Unmöglichen des ‚ich bin tot' – die Syntax der Zeit und so etwas wie die Kategorie des unmittelbar Bevorstehenden" (Derrida, Die Tode, S. 51), spricht von der „Syntax der Zeit" und der „Kategorie des unmittelbar Bevorstehenden", was mich augenblicks gar nicht interessiert oder engagiert, was mich

augenblicks engagiert und vereinnahmt, ist die Möglichkeit der Unmöglichkeit als Appell als

\*

Zeignis, zeige also Horatio, zeuge davon, was war, Ihnen ist nicht erlaubt, nicht Zeugnis abzulegen, das ist untersagt, so also:

\*

als punctum der Existenz: der Tod Hamlets punktiert die Existenz Horatios, sticht in sie ein, besticht sie, verletzt und lädiert sie: status corruptionis des „Ichtotduleben". Horatio kann in dem Moment nicht mehr Hand an sich legen, genau darauf insistiert Hamlet, wo ihn das „Ich bin tot" Hamlets, das an ihn adressierte „Ich bin tot", verpflichtet und verpflichtet haben wird, wo er, mit meinen Worten, zum „Zeugen" geworden ist. Das ist die These, noch eine also. Die
   *Die Beziehung zum Toten ist das Zeugnis.*

\*

datiertes Interpunctum eines nahekommenden ferngelegenen Todes ihm eines lokalisierten. Sohnvater: ich rechnete nach, ich kann nicht sagen „mechanisch" keineswegs das, verstört, irgendwie fassungslos verstört, „1. IX. 1959": da hatte er, „er", sagen wir einmal, noch knapp

102

zwei Monate, da wird er, „Er ist tot und er wird sterben", noch, wenn ich mich nicht verzählt habe, noch 57 Tage wird er noch haben zu leben, zum Leben bis zu jenem Mittwoch, Leben welches denn und was für eines, Leben. Dein Sohn stirbt Sohn

\*

Die Toten die Toten

\*

Schwachstrom Kraft, Splitterlied die Messiasbombe die einmal, einmal mehr Benjamin zünden wollte und zündete. Die Schwerkraft ist stark, schwach

Schwache Erlösung. Das ist das Zeugnis der Toten, die Toten. Schwache Erlösung und keine andere ist denkbar und überhaupt akzeptabel. Messiasgenerator allenfalls Kriechstromstärke absolut. Absolution Gottes Absolution. Das ist die Bedingung, die einzige, unbedingte Bedingung des Zeugnisses. Rabbi Derissa: „Es sei denn, Gott hieße Tod ..." Was denn sonst? Was

was der Absolvierte, Absolute, aber stiftet, was die gelöste, erlöste und losgelöste Erlösung, die

\*

Das punctum der Zeit: Er ist tot und er wird sterben. Zukünftige Vergangenheit oder so. Die „helle Kammer" Barthes, Roland Barthes, übrigens ein mit allerlei Photographien übersätes Buch ein schönes, „Die helle Kammer" wird reguliert von einem Photo, das „les morts" die Toten also die Toten die, als müßte der Titel heißen, eigentlich heißen, wäre eine falsche Übersetzung eine richtige, eine gemäße, rechtmäßige Translation müßte also heißen eigentlich: DIE TOTEN, wird

„Die helle Kammer" wird reguliert von einem Photo, das, ein einziges, das nicht gezeigt wird, nicht abgebildet, natürlich vermerkt das Derrida, nicht sichtbar bei alledem, das Photo der Mutter, der toten Mutter, in dem ganzen Buch ist eigentlich ist nur von diesem einen Photo die Rede sieht man nicht im, Mutterbuch auch und noch so eines, „Mutterbuch"

\*

Dein Sohn stirbt Sohn

\*

Zeugnisverweigerungsrecht gibt es nicht, einmal, einmal mehr Lanzmanns „Shoa" bevor

die Müdigkeit, die Bedingung der Möglichkeit und Unmöglichkeit der Erinnerung und der Arbeit an der Erinnerung, was für ein Wort „Arbeit", „Trauerarbeit", in

Lanzmanns „Shoa" gibt es eine Szene, einen Moment, wo, ich, er weiß nicht mehr, wer das ist, wer da spricht, was er wortwörtlich sagt, wo sich das abspielt, das Gesprochene, das Gespräch, weiß das nicht mehr, weiß, erinnert sich: daß dieser Jude

daß dieser Jude davon erzählte, daß er, der mithelfen mußte bei den Vergasungen, so nennt man das, beim Gang in die Kammer, in die ausgedunkelte Kammer, gaskammervolle Kammer, daß er eines Tages dann einmal mit hinein ging, in die Kammer mit hinein, weil er nicht mehr konnte wollte konnte wollte oder. Und daß sie, „sie" erkannten ihn du, Du bist doch der und der, erkannten „sie" ihn, Du nicht, doch nicht, Du, Du mußt, darfst Du darfst und mußt nicht, hier nicht. Wirsindtotdulebst. Du leben, könntest vielleicht, Du wirst sagen können, müssen, so wie „jetzt", vor dieser Kamera, „jetzt", jetzt sind wir tot jetzt, „jetzt" mir sagen können, Du mir, daß sie wie sie verreckten, sagen und nicht sagen, zeigen, sagenzeigen, berichten, bezeugen mit deinem Namen dem stets verwundeten, der stets verwundeten Nummer, Zeugnis geben, frozen by numbers, mit dem namenlosen Namen, Zeugnis geben

\*

Zeugnis geben, survive

Photo-Schrift wie eine gar zu klein geratene Postkarte für mich. Wie es daliegt für mich. Die Rückseite des Photos wenn das Licht neues Licht in schrägem Winkel darauffällt, die Oberfläche glänzt, die Schrift drückt sich die spiegelverkehrte Schrift durch, wird sichtbar an der Oberfläche, sieht man, ich, wie sie sich durchdrückt, abbildet, verkehrte spiegelverkehrte Niederschrift Einschrift. Immatrikulation scribere. Hapax einer Photo-Grammatik eines Photos, das ich, er, ich eines Tages er eines Tages weiß es nicht er weiß es nicht. Einer dieser vielen Väter, dieser vielen totgeglaubten Väter verwüstete Väter im Photo, das wer betreten wird, im Photo, das er eines Tages betreten wird oder nicht. Confusion Epitaph. Akupunktierte Trauer wie ein Stich, Sohn, ein Stich, einmal und zur Unzeit einmal, Sohn, ein Stich, centre ville, Sohn, Herzstichmacher einer zur Unzeit lancierten Trauer nie gewesen gekannt nie, Sohn, nie Sohn, dein Sohn stirbt Sohn

*

Frozen beefsteak, Captain, nieverwestes Büffelherz

*

Das dieses das von dieser Schrift verwüstete Photo, es sagt und benennt ein punctum der Zeit ein anderes punctum einer anderen Zeit. Eines anderen Todes. Benennt und besagt – er wird sterben vor, vor der Zeit, er. Das ist es! Für ihn und für mich wird er gestorben sein, wird er sterben, Zeit vor der Zeit für ihn und für mich Sohn dein

*

Die Toten die Toten begraben, begraben, Muttertiermutter, die Toten die Toten, animal mother: Besser
  „Besser ihr als ich". Kriegerlogik. Vor den Toten die Toten, die sie, in einer anderen Szene, die Toten mit Kalk bestreut mit weißem wie

Schnee wie Asche wie Schnee wie Asche upon all the living and the dead, weiß

*

Der Tote den Toten begräbt der Vater den Vater. Der 1. September 1959 war ein Dienstag. Eject: ein nicht für mich bestimmtes Photo für mich. Ansonsten, man hat ihn nicht gefragt, geworfen, rittlings über dem, na ja, man weiß schon

*

Zeugnis geben schwache Erlösung, die einzig mögliche, denkbare und akzeptable Lösung: daß jede Generation einen Anspruch habe an die kommenden. So sagt das Benjamin. So in etwa. Anspruch der Toten. Anspruch auf Gehör und Gehorsam wie jenes, vielleicht jenes „Zusammengehören" oder auch nicht, von dem Heidegger spricht, 1957, in Freiburg, wo ein, 23 Jahre später, könnte man sagen Glück, also ein Glück wie einbrach wie unvermutet und ein Glück, ein, man könnte sagen Glück, das eines Tages wie Gift, ein langhinwirkendes Gift, zu tilgen begonnen hat, 1980 im Sommer, den ein ungleich ge-spaltener Mond verwüsten sollte, bald 1980, in Freiburg
    1957, jenes „Ereignis", von dem Heidegger spricht, jenes „Ereig-nis", in dem aber, nicht wortwörtlich jedenfalls und wohl auch nicht metaphorisch, nie von den Toten die Rede ist. Von den Sterblichen. Von den Nichtsterblichen nicht. Nicht von den Toten. Die nicht ster-ben. Die Toten sterben nicht. Das ist kein Privileg. Die Toten sterben nicht. Hoffnungsloser Fall. Der Anspruch der Toten an die Sterb-lichen ist, was Benjamin, was Dante, „Hoffnung" nennt. Hoffnung für die Hoffnungslosen, Zeugnis geben, Erlösung als wäre future days

*

Rätselformformel: Als mein Vater wäre schon tot ich als mein Vater-vater würde noch sterben ich

*

future days, ein, stand da, in der Zeitung, ein „Raum der Toten, die unsere Zukunft sind, ein Raum der Hoffnung oder der Verzweiflung, je nach Glaubenslage"[51] Das sind, apropos, datierte Zeilen, „27. November 1992". Und ich beginne mich zu fragen, erfahrungsgemäß wird das, wie immer, fast, Jahre also, zu fragen, wer sich hinter dem „uns" verbirgt, wer das ist, dem die Toten „unsere" Zukunft sind. future days Heiner Müller, 25. September 1997

*

weiß wie Schnee wie Schneewittchen und rot und schwarz wie Ebenholz aber, weiß vor allem wie Schnee wie Schneeasche wie
  wie Asche wie Asche wie
  Schneewittchens Asche, Weißglutasche weiß, schrecklich genug. Nichts Schrecklicheres, es gebe, gibt es gibt nichts Schrecklicheres, sagt Tarkowskij einmal, als Schnee, als Schneien in einer Kirche, Schneeasche aufs Haupt ins Meer gestreut der grobgemordete Wal, der weiße, das Dornenweiß wie Blut mit Dornen, weiß mit Dornen, ganz böse also, Dornenkönig, und so
  „so lieblich, ehrwürdig und erhaben alle diese Verbindungen auch sein mögen, durch die das Weiß sich allem zugesellt, etwas Unfaßbares ist im Inbegriff dieser Farbe verborgen, das unsere Seele mehr in Schrecken versetzt als die beängstigende rote Farbe des Blutes."[52]

## 7

Andere Blicke ein, ein Blinzeln wie zwischen zwei Augenfalten verwoben, gezwängt auf der Suche nach dem Himmel weithimmelweit
geöffnet und geweitet der andere Blick ein, anderer Blick am Himmel himmelhoch, am 6. Februar 1976 war das was war das für ein
Himmel. Der
Himmel ist der Blick des Anderen der andere Blick d e r Anderen
Silhouette, silbergrau verfärbte Silhouette einwärtsgerichteter Femi-
nität jenseits, jenseits aller Begierde ja, jenseits visionärer Fixationen
ja, hunters and collectors ja, die Augen augentrostlos zerrissen in der
Erinnerung kommender Trauer, Tränenmysterium magnum

\*

Bereiten wir eine These vor, vielleicht die abschließende, die, wenn
man so will, zentrale These im Corpus einer jederzeit möglichen Hermeneutik, einer möglichen jederzeit, nur derzeit nicht. Nennen wir
das die
*Die Inversion des Todes des Anderen.*
Man könnte das auch so sagen mit und ohne Lévinas, ab einem
bestimmten Punkt auch gegen ihn: nicht (nur und nicht mehr und
jedenfalls nicht ausschließlich und allein) ist der Tod des Anderen
der erste Tod, sondern der
*Der andere Tod ist der erste Tod.*

\*

Das „Blinzeln" des letzten Menschen, das ist, naiv, doch nicht ohne
Grund gesagt, das ist das, was man nicht unbedingt das Gegenteil das

glatte Gegenteil, aber doch zumindest das, was anders ist, unbedingt anders ist als das, was man den „Augenblick" heißen könnte. „Augenblick" des ersten Menschen in aller Frühe. Jede Kindheit hat es verdient, daß man auf sie das Feuer nicht eröffnet. Komm und sieh!

*

im Corpus einer jederzeit möglichen Hermeneutik, einer jederzeit möglichen Formation propositionaler Gefälligkeiten an längsgeschliffenen Satzfolgen. An- und abschwellende Sukzessionen jederzeit. Wie läßt sich so etwas vermeiden und wie und ob

*

Nacht der Träume. Deine Hand auf meiner Stirn

*

Wake up Tim Finnegan oder laß es bleiben. Die Totenwache, ein in Irland bis in die dreißiger Jahre gepflegter Brauch, bei dem es, wie es heißt, ziemlich derb, fröhlich auch und auch makaber zugegangen sein soll, wurde in den dreißiger Jahren allmählich durch die Amtskirche und deren Ritus würdiger Bestattung verdrängt. Die „Totenwache" war ihr, als keltisch-heidnische Sitte, ein Dorn im Auge. Wichtig bei der „Wache" aber sei gewesen, daß der Tote tot zu sein habe. Ambivalenz der Wache: von der bloßen Reverenz für den Toten zur Absicherung gegen seine Wiederkunft. Observation und Ehrfurcht, ihr Heiden! Ihr Iren/Ihr Neger: „Denn unter den Iren hielt sich hartnäckig der Verdacht, ein Untoter werde sich für an ihm gegangenes Unrecht rächen – und das konnte schließlich jeden treffen." Das konnte nicht, das wird jeden getroffen haben, machen Sie sich da nur ja nichts vor! Und weiter im Text: „Eine Rückkehr auszuschließen war gerade der tiefere Sinn der ‚wakes': Daß man an der Bahre noch einmal ‚a good time' mit dem Verstorbenen hatte, sollte diesen davon ablenken, daß man ihn in Wahrheit nur nicht aus den Augen ließ."[53]

110

*

Frühgänger früh verbracht, ins Gelände

*

ins Gelände. Um ein Wort nur, ein Abgrund nur, getrennt auf. Heidegger wird eines Tages Besuch erhalten, wichtigen Besuch. Bereiten
wir uns darauf vor. Die Situation ist heikel. Angespannt. Was für eine
Nachbarschaft zwischen Dichten und Denken? Territorialkrieg des
An-Denkens und des Ver-Dichtens: Mnemosyne diesseits und jenseits
eines gewiß atemberaubend ausbuchstabierten Hölderlin. Zusam-
mengehörlos. Amplitude epileptischer Konvulsionen am Randhang
einer nicht einmal mehr nicht einmal das mit das da einer nicht einmal mit Asche gefüllten Grundgrube am
    am 25. Juli 1967 empfängt Martin Heidegger Paul Celan auf seiner
Hütte in Todtnauberg. Le Mont de la mort, liest einer. Ins Gästebuch
notiert Celan die Worte: „Ins Hüttenbuch, mit dem Blick auf den
Brunnenstern, mit einer Hoffnung auf ein kommendes Wort im
Herzen. Am 25. Juli 1967/Paul Celan." Worte auf ein Wort, ein
einziges

*

Symmetrische Asymmetrie oder asymmetrische Symmetrie, jedenfalls
die Bedingung dessen, was wir die „Inversion" des Todes des Anderen
genannt haben werden, gründet in einer Formel oder Figur, die die
Autorität dessen in Frage stellt, dem wir sie verdanken. So ist das, und
daran läßt sich nichts ändern. Lévinas nämlich wäre niemals und unter keinen Umständen bereit, das Verhältnis Ich – Anderer auch nur
mit einer Spur, einer noch so paradoxen Spur von Symmetrizität zu
belasten. Darüber habe ich mir, man muß das so sagen, jahrelang den
Kopf zerbrochen. Ohne in das Spiegelspiel eines Symmetrismus der
Anerkennungsphantasmen zurückzufallen, die immer und stets und
zuletzt darauf gehen, den Anderen als solchen, als Anderen, zu neu-
tralisieren, seine Anderheit unter dem Reglement allseits ein-
vernehmlich getroffener Vorverurteilungen aufzunehmen, es mit ihr

111

aufzunehmen, sie also „aufzuheben" im Dunst einer unbedingt Gleiches gebärenden Liebe, einer verschlingenden, gefräßigen, einer auch kaltkalkulierenden. Ohne

in das Spiegelspiel eines Symmetrismus der Anerkennungsphantasmen zurückzufallen, bleibt, respektiert man, daß der Andere nicht Gott ist – und es gibt nichts, was einem mehr Respekt abnötigte als diese, genau diese Differenz

bleibt die Möglichkeit, die Notwendigkeit, das, was „Ich" ist als das auszuzeichnen, was auch ein Anderer ist, der nicht „Ich" ist. Unendliches, unstillbares, unschlichtbares, unauslotbares Verkennungsverhältnis zwischen Ich und Anderem. Nun gut. Wenn das die Wahrheit ist – und das ist die Wahrheit!

wenn, dann stirbt nicht nur und nicht allein der Andere einen Tod, der nicht der meine ist, dann, hört genau, ganz genau zu!, dann

*bin ich es, der auch und vielleicht zuallererst einen Tod stirbt, der nicht der meine ist, dann*

*sterbe ich einen Tod, der anders ist, dann*

*ist der Tod anders und ein anderer, dann*

*dann sterbe ich den anderen Tod: also ist der*

*Der andere Tod ist der erste Tod.*

\*

Nacht der Träume, Tagträume auch, seit Jahren verfolgt seit wieviel Jahren eigentlich verfolgt ihn, Wehrmachtszersetzungshalluzinans ungläubig sie beide, beide, mit dem Namen des Vaters entkleidet, fast, rußlandkalt fast weithimmelweites Land Gefrierbrand gleich. Immer und immer wieder. Sie beide. Er und. Nacht der Träume meine Träume Hand auf seiner Stirn. Fallender Stern längstgeächteter, gebrochener Gliedvers überhaupt ohne ganz ohne Bleibe. Dann wird er sie sehen, beide. Fallen, ein ums andere Mal, fallen all that falls fallen. Dort irgendwo, elsewhere. Ein ums andere Mal diese Phantasien diese: in Rußland, Gefriergefreite, die Waffe und was sie hätten getan, haben sie getan. Was? Und dann wird er ihn sehen, tags darauf ein halbes Jahrhundert ein Äon einen Tag keine Sekunde später, sehen

tags darauf auf einem Platz in München, bei, wird man zu lesen

bekommen, bei strahlendem Sonnenschein, auf einem jener kreuz-
katholischen Plätze der, der alte Mann, der Greis und der Greis ein
Photo ein niegeschossenes Photo in der Hand sieht so ein Photo ein
Mörder aus, Mörderphotogramm meiner Träume. Sieht so ein
Mörder aus. Schauen sie hin, meine Damen und Herren! Janein-
neinjajanein, deine Rede sei deine Rede eine und
   ein ums andere Mal diese Phantasien diese: in Rußland sie beide so
sieht er sie, ichuns, so oft, Vater Bruder Bruder, und „die Zeit", Katatonitsch, stände still, Katatonitsch, zwölf Tage lang gestillte Zeit, ein-
gepfercht in Kutosows Grabkammer stählerner Grabkammer

*

Tod in Togo Allerweltstod ungereifter, Schrottkönig im Stottersarg
dein. Afrika. Kifferrequiem mein lieber Scholli dein ausgeweitetes
Afrikainnenaußen, out of Schwarzafrikawald in Togo. Bleichgesicht

*

Worte auf ein Wort, ein einziges zu, nur
   einen Tag zuvor, am 24. Juli, kurz vor der Lesung Celans im
Auditorium Maximum der Universität Freiburg i.Br., der Heidegger
selbstverständlich beiwohnte selbstverständlich, im nämlichen Auditorium Maximum, wo er, der Heidegger, schon einmal bei anderer
einer etwas anderen Gelegenheit zu sprechen kam auf „Denkdienst"
und „Arbeitsdienst" und „Wehrdienst" und
   am 24. Juli trafen sie, Heidegger und Celan, kurz vor Beginn jener
Lesung erstmals zusammen, im Foyer eines Freiburger Hotels. Natürlich, die Gelegenheit, so etwas zu photographieren, wer wollte die
sich nehmen lassen? Geschehen aber sei dies: „ ... ehe es doch förmlich zu einer Anfrage kam, hatte Celan sich rasch von seinem Platz
erhoben, um denkbar entschieden zu erklären, er wünsche nicht,
zusammen mit Heidegger photographiert zu werden"[54]

*

Ich bin tot. Also, die Möglichkeit dieses Satzes, dieses unmöglichen

Satzes, der in einem und zugleich, sub specie aeternitatis, schon immer und immer und immer die Wahrheit i s t, die absolute Wahrheit also, sie referiert, die Möglichkeit dieses Satzes referiert auf das factum brutum, daß mein Tod ein anderer ist, daß also ich

Ich bin tot: Ich bin und war und werde sein Dein Toter: Ich

Ich bin Euer Toter. Ich

Ich bin tot Euer Toter. Eines

Tages wird einer von uns beiden der Tote des Anderen sein. Und das ist, während die S-Bahn, das war und wird sein, Amen, während die S-Bahn an diesem sonnigen Frühsommertag nach Potsdam ratterte, ist die Wahrheit. Das aber wußten sie. Er und ich. Der Namensgerechte und der In-Namen-Gottes-wer-wie. Gibt es, müßte man die beiden fragen eher unverblümt, müßte die beiden stören in ihrem im Gespräch vertieften Gespräch, pardon, erlauben Sie, meine Herren, müßte muß fragen, ob

gibt es bis dato oder überhaupt eine Theorie, eine mögliche Theorie und eine Praktik der Freundschaft, die damit rechnet, wenigstens das, die dem Tribut zollt, zollen kann eines

Tages einer der Tote des Anderen

*

Nicht zusammen mit Heidegger photographiert werden wollen: ein Photo, das es nie gegeben hat und Worte, „Ungesprochenes", und ein einziges, „kommendes". Celan wird eine Woche nach seinem Freiburger Besuch, die ins Gästebuch notierten Zeilen wiederaufnehmend, in Frankfurt a.M. das Gedicht „Todtnauberg" verfassen: „... von / einer Hoffnung, heute, / auf eines Denkenden / kommendes / Wort / im Herzen, / ..." Im Herzen kommendes Wort eines Denkenden: der Krieg der Lektüren, Polemologik der Sätze, der Wörter und taubstummen Zeichen seitdem endet er nicht. Wie auch? Jean Bollack, Aufsehen erregend, fand für Celans Gedicht, überhaupt für den Besuch, seine Inszenatorik, einen staunenswerten Schlüssel: das Gedicht als Reise ins „Reich der Toten". Mit erheblichem Einsatz strategischen Geschicks seitens Celans sei es ihm um eine Art Vorladung Heideggers vor das „Gericht der Toten" gegangen. Das Treffen in der Hütte, die gemeinsame Autofahrt, zumal der

114

Spaziergang ins Moor: eine „Hadesfahrt". Celans Technik poetischer
Verrätselung stünde hier einzig im Dienste der Protokollierung eines
Totengerichts, das der nur zu entziffern in der Lage sei, der überhaupt das Ansinnen verstanden habe. Dies gesetzt, entschlüsselten
sich die Rätselbilder des Gedichts zu den Etappen einer Verhand-
lung, in der Anklage, Beweisführung und Geständnis gesprochen
wurden, ohne daß sie der Angeklagte je vernommen hätte. Magic
revenge: „Der Magier in der Szene ist aber Celan. Er erfüllt eine
Mission, handelt in seinem eigenen, selbstgewählten Auftrag. Mit
seiner Zauberkunst bringt er die Bestätigung hervor, die seiner
Erwartung entsprach."[55]

*

Theorie und Praktik einer Freundschaft angesichts des Toten, der
der Eine dem Anderen irgendwann und je schon, der der Eine dem
Anderen „jetzt" ist, amicitia sub specie mortis

*

Mission impossible sozusagen. Der „Magier Celan" – dagegen spricht
vieles. Vor allem wohl, er war den Toten, seinen vielen Toten viel zu
nah, vernäht in einer Nähe, die Heidegger, diese Nähe, vielleicht nie
so hätte denken können wie Celan sie bezeugte. Zu nah seinen
Toten, um über einen Lebenden in der Art einer geheimen Mission
zu Gericht sitzen zu können oder auch nur zu wollen. Ich glaube das
jedenfalls nicht. Die intrigante Intensität einer Geheimdiplomatie
auch ohne staatsträchtigen Mummenschanz meinetwegen: das alles
paßt nicht ins Bild Celans, nicht in diese Photographien, die ge-
schossenen und niegeschossenen, nicht hinein. Und doch
    doch Bollack, jedenfalls das, legt einen Akzent auf das, was er die
„unerschütterliche() Parteinahme für das Totengedächtnis" (ebd. S.
131) nennt. Einmal jenseits aller Rhetorik von Anklage und Verteidigung – und sie ist, so notwendig und unverzichtbar sie anderweitig
auch sein mag, stets insuffizient hinsichtlich dessen, was stattgehabt
haben müßte, wollte man auch nur annähernd in die Nähe dessen
kommen, was diesem rencontre einzig gemäß wäre –, jenseits von

Rechtfertigung, Schuld und Confessio: in einer seiner schönsten Texte, „Das Ding" von 1949 entwickelt Heidegger den Gedanken, wie man weiß, des Gevierts, der vierfach dimensionierten Welthaftigkeit der Dingheit des Dinges. In „Unterwegs zur Sprache", in „Die Sprache" unter anderem, ich erinnere mich, führt er diesen Gedanken fort, diesen bemerkenswerten Gedanken der Verschränkung von Welt und Ding, die mit jener onto-theo-logischen Subordination des Besonderen unter das Allgemeine so augenfällig bricht. Das Einzelne, der Partikel, das Moment ist mehr als nur Moment, Glied in einer Ordnung hierarchischer Zuschreibungen, ist das „Dingen" eines Dinges, das, fast könnte man sagen, umgekehrt, die Welt als ganze und als Ganzheit überhaupt allererst in sich birgt und zum Austrag bringt. Die Dinge gehen mit der Welt trächtig, gebären Welt, wie Welt sie in sich versammelt. Keine Welt sei wo das Ding gebricht dies ungefähr

*

Das Herzzerreißende der Dinge, Quintett der Elemente, jenseits

*

dies im Ohr. Man muß das alles genau im Ohr haben, sich klar machen, immer wieder ins Gedächtnis zurückrufen, was Heidegger da zu denken gibt, welche „Gabe" das ist war damals für ihn, in der sparsamen Hitze eines Freiburger Sommers, Genesis meines Herzens im Herzen Genesis, das überaus kostbare Geschenk Heideggers im Nacken. Heideggers „Ding", die Dimensionen, wenn man es so nennen will: das sind „Himmel" und „Erde", die „Göttlichen" und die „Sterblichen". Bei Heidegger, sagen wir es einmal so, sind die Dinge Dinge, ist die Welt Welt der Sterblichen, nicht der Toten. Die Toten sind nicht sterblich. Sagen wir es einmal so, die Dinge sind nicht die Dinge der Toten. Das Herzzerreißende der Dinge Füller von ihm ich habe ich nur noch. Tintensakrileg. Und wollte man innerhalb der Heideggerschen Topographie Celans „Totengedächtnis" immatrikulieren, käme es notgedrungen, unvermeidlich, zu einer Spaltung der vierten Dimension. Kernspaltung: der „Himmel", die „Erde", die „Göttlichen" und – die „Sterblichen/Toten"

116

*

das Herzzerreißende der Dinge, das Zeugnis

*

Der andere Tod, die Veranderung des Todes, macht es, mehr und mehr, schleichende Korrosion, nicht wahr?, macht es schwieriger, den Menschen als Sterblichen zu entziffern nur als Sterblichen. Der Mensch, das ist der Sterbliche und der Tote im Schneelicht verfangen im Schnee snow „snow falling faintly through the universe and faintly falling, like the descent of their last end, upon all the living and the dead"

*

Augentrostlose Dinge, ihr Kieselsteine Ping-Ponge. Arnika, Ornament aus Lichtnelken und Traubenhyazinthen, Margarethe. Sprechende Namen gehört auf hören sprechende Namen. Arnika Brunnenstern, gelbe Blume, eine sternförmig gelbe Blume. Ein Sternwürfelwurf, nicht wahr?, niemals streicht aus den Zufall. Alles aber, alles wird zu einer Frage des Augentrosts, das Wort Augentrost, das
„Wort ‚Augentrost' wird aufgrund von Celans Wortgebrauch einer Analyse unterworfen: die Augen, als semantische Instanz, haben der sprachlichen Materie eine Replik auf die Erfahrung der Vernichtung eingeprägt. Der Trost ist demnach eine Gabe der Augen, er wird ihnen nicht gespendet, sondern geht von ihnen aus." (ebd. S. 128)

*

gebrochene Stirn, einwärts gelenkter Blick mehrmals, jählings himmelwärts gestürzt der Freund der Vater der Freund. Himmel über einem Himmel, mein Fürst. Rußlandallegorie, mit einem anderen Wort einem. Sie was haben sie getan, würden, hätten, was haben sie. Da aber dann da läge er dann in seinen Armen, Stirnhand zugeneigte und neigte sich hin, hin und her, Kleinklang über einem fast im Himmelmeer Ertrunkenen, fast Entratenen, fast fast Erstickten, mein General. Der Bruder, der Vater, der Bruder. Mörderballade auf einen, einen, der nicht und niemals heimkommt. Hirschjäger. Never comin' home by helicopter

*

Opferaugenlicht, Nachttränen ihr, hunters and collectors mehrmals der Blick, der andere Blick, von dem ich sprach, den Lévinas, indem er an einem kalten Februartag, wie es war, die Rede auch auf den Himmel lenkte, der andere Blick als den des „Jägers". Deerhunter Augentrost „Ungesprochenes" und Unsprechbares: Scheiße. Wie es war wie es ist wie. Scheiße. Was das heißen „Das ist Das" was das heißen soll. Kugelscheiße. Metalljacke. Darüber und darüber einmal nachdenken, mehr als einmal.

Wenn der Trost eine Gabe der Augen ist.

Wenn sich das Wesen des Auges im Weinen offenbart.

Wenn die Apokalypse der Blindheit die Tränen sind.

Dann hören wir mit den Augen, wenn wir weinen, einzig dann. Dann sind die Augen das Gehör der Toten. Und dann ist der Himmel der Augenblick des Anderen. Tintenspur, diese

diese vielleicht: „Allein er, der Mensch, weiß zu sehen, daß die Tränen das Wesen des Auges sind – und nicht die Sehkraft. Das Wesen des Auges ist das dem Menschen Eigentliche. Im Gegensatz zu dem, was man zu wissen glaubt, ist der beste Gesichtspunkt ..., ein Quellpunkt und eine Wasserquelle, was auf die Tränen hinausläuft. Die Blindheit, die das Auge öffnet, ist nicht diejenige, die die Sehkraft verdunkelt. Die offenbarende Blindheit, die apokalyptische Blindheit, diejenige, die die Wahrheit selbst der Augen enthüllt, wäre der von Tränen verschleierte Blick."[56]

*

Wenn der Trost eine Gabe der Augen ist.

Wenn sich das Wesen des Auges im Weinen offenbart.

Wenn die Apokalypse der Blindheit die Tränen sind die die sie vergoß. Das letzte Mal, daß ich sie weinen sah. Nach so vielen Ewigkei-

ten. Verstörte Sehnsucht eines ganz verdrehten Lebens eines und. Dann sich abwendend, Tränenscham und, vielleicht das auch, ja das auch, Wut und Haß und Stolz. Dem es nicht zeigen dem. Nicht. Und Wut und Haß und Stolz. Dschungelinstinkt zwischen wem wer erschlug wer wem zwischen. Kainsapostroph. Die dritte Mutter Mutterlid zwischen Abel und Kain, zwischen Bruderbruderschwesterbruder zwischen zwischen. Ihre Tränen damals, das Weinen damals, die Abwendung abrupt und über allem eine nie entblößte Scham, nie beschworen. Mehrere Male fast eilfertig gegrämt, beseelt von einer Angst einer leichtgenährten Angst, mein Kind. Der
Bruder aber. Der Bruder aber

*

Wort, ein einziges, vielleicht Trauer vielleicht

*

Bruder aber Abel. Nicht, das war nicht der Tod eines Clowns. Ihn nie vergessen. Death of a clown. Daß er sich das Leben genommen habe, Freitod gewählt, Hand an sich gelegt. An solch an welchem Tag denn. Hand an sich. Letale Masturbation an solch einem Tag denn. Im Zimmer sitzen, seinem, Lufttasche von dem toten Clown genährt im Zimmer, satt. Satt geweidet daran da er, endlich, er dazugehörte. Dazuzugehören. Ein Leben lang, Kinderewigkeiten, sehnte er sich, drängte er danach, sein Freund zu sein. Demiangleich brach er in sein lebenlang sein Leben brach ein. Unter all dem. Drängte er und forderte und bettelte und buhlte und bellte um die Freundschaft eines ganz Fernen. Gunsterzwingung einmal
mehr als einmal geäfft mit halbgeschlossenen Lidern mit wundgeäscherten Augen einmal mehr und mehr und eines Tages, im Spiegel, nachgerüstete Halbsichtbarkeiten zu sehen. Zu sehen war, er nicht, nicht das dieses Gesicht, sehen zu sehen war. Tiefstand autosentimentaler Enttäuschungen, jawohl. Und immer wieder in diesem Zimmer. Clowns-sterben-hören. Und
wie er erzählt bekam, wie beiläufig, er sei von dannen, habe sich wohl das Leben, als ob man das könnte. Nein, nein, man nimmt sich

nicht das Leben. Kein Mensch kann sich das Leben nehmen, das eigensverfügte. Man drangsaliert nur ein bißchen, wenn es denn sein muß, ein bißchen nur die ungehörigen Fatalitäten. MM, das waren, sind, waren seine Initialen, sein Flügeltor. Soviel fürs erste, nicht der erste, der den Weg, furchenreißend, querte, nicht der erste. Der

*

Clowntote, seitdem wimmelt es von diesen Toten mit den breiten Masken, breitgeäderten aber seitdem, die Toten geschminkt geschmückt und vor allem mit hochroten Nasen als hätte der Frost der, geschminkt das Haupt fast ein Halbglatzentoupet damit ein Clown stirbt damit

stirbt ein Clown

*

vielleicht Trauer vielleicht wäre Trauer nie etwas anderes gewesen vielleicht

könnte Trauer nie etwas anderes sein, gewesen sein als Erinnerung als irgendeine sattsam gefügte Erinnerung eines kommenden Wortes. Nie etwas anderes. Ehre die niegeschriebenen Briefe! Erinnerungshoffnung kommender Worte, Wörter Tintenstrahl. Man müßte, so könnte man sagen, man

müßte das, was Celan mit „im Herzen" meint, müßte man das nicht als Hin- oder Aufweis, als eine Art Aufzeigen dessen lesen, was mit Erinnerung und Gedächtnis zu tun hat, mit einer „Er-innerung", einem „innern", unmögliches Verbal gewiß, doch

müßte man „by heart" von Herzen von, müßte man darin nicht den Fingerzeig sehen? Ich frage, das Erzeigen meinetwegen, daß es eine Erinnerung gibt, daß es sich „hier" um eine Erinnerung handelt, die, verbunden mit dem Wortwert der Hoffnung ins Futurische sich öffnet: Blick auf den Brunnenstern, mit einer Hoffnung auf ein kommendes Wort im Herzen wäre im Herzen je etwas anderes als ein Wort ein einziges als ein Wort, das kommt, kommend kommt der Advent einer keineswegs gesittet zweimal und zweimal annoncierten Parusie Deiner Hände. Meiner Stirn.

*

Die Hoffnung für die Hoffnungslosen ist die Hoffnung auf ein (eines Denkenden) kommendes Wort im Herzen.

*

„Der Himmel macht dich frei!" Soll euch frei machen die „Wahrheit" las er über Jahre vis-à-vis auf einem der Hauptgebäude der Universität Freiburg im Breisgau, vis-à-vis von der Universitätsbibliothek aus, die euch frei machen sollende Wahrheit, Goldlettern roter Sandstein. Satz für Satz, jedes Wort getreulich, Tag für Tag jedes Wort cum studio jawohl. Happy days, nicht glücklich aber happy Happy, Dein Tag wird kommen. Satz für Satz, jedes Wort getreulich exzerpiert, vom ersten bis zum letzten Wort, Buch für Buch, alte Bücher Meister Eckhart Wahrheitsmeister einer Wahrheit, die ihn nie wieder nie loslassen können davon. Eine Wahrheit, die alle Sätze fügt, Satz für Satz, in keinem Satz erscheint. Welche Wahrheit Himmel Deine Augen

*

Man müsse, sagte sie, endlich könne sie, sagte sie, wieder sehen, richtig sehen nach den Operationen an den Augen, ihren Augen, endlich Augenlichtung endlich sehen. Das ist: feine Ornamentik der „St. Hedwigs Kathedrale". Schinkels Grab und das Himmellicht, ein Himmellicht von anderen Augen, die mich sehend sehen sehend. Davon, sie könne es jetzt endlich sehen wieder sehen. Davon müsse man doch ein Photo machen machten wir nicht. Ich hatte keinen Apparat seitdem dabei seitdem liegt ein Photo, ein niegeschossenes Photo auf Schinkels Grab, Dorothea. Eines Tages eines augentrostlos blindgeborenen Tages werde er wiederkommen und es und das Photo mitnehmen das Photo auf Schinkels Grab. Lichtschrift Deiner Augen

*

Die Hoffnung für die Hoffnungslosen ist die Hoffnung auf ein kommendes Wort im Herzen.

## 8

Hoffnung wie ein Stern, der vom Himmel fällt, über ihre Häupter, Urworte Tarzan

\*

„Die Zeitfolgen spielten durchaus keine Rolle für ihn, der Tod war ein kleiner Zwischenfall, den er vollkommen ignorierte, Personen, die er einmal in seine Erinnerung aufgenommen hatte, existierten, und daran konnte ihr Absterben nicht das geringste ändern."[57]

\*

Der andere Tod der erste. Changieren zwischen nochmals zwischen zwei Toden: dem anderen Tod und dem Tod des Anderen. Inversionen. Wenn der Tod des Anderen einen anderen Tod enthüllt, der auf den „jemeinigen" nicht zurückgeführt werden kann. Der dem „meinigen" nicht subordiniert werden kann. Der gegenüber dem meinigen, dem e i n e n Tod, von nicht minderer Bedeutung ist. Von absolut anderer Qualität ist. Wenn
der Tod des Anderen einen anderen Tod enthüllt, der mein Tod ist nicht weniger, nicht mehr vielleicht als der jemeinige. Wenn
der Tod des Anderen einen anderen Tod enthüllt, der schon, je schon zugeeignet ist mir, mein Eigen, bevor ich überhaupt als ich gefragt worden sein könnte, mein Eigen, das ich bejaht haben werde, noch bevor ich als ich überhaupt „Ja"-Sagen können kann. Wenn
der Tod des Anderen einen anderen Tod enthüllt. Dann: Enthüllt sich der Schattenriß eines anderen Todes, der mein Tod ist und den, hören Sie genau hin!, nicht der Andere, den ICH sterbe, Ich als der

der ich bin und ich. Terra incognita eines anderen Todes, den ich sterbe. Fremder Kontinent einer ursprünglichen Entfremdung des „jemeinigen" Todes. Pränatale Veranderung des einen Todes. Mein Tod ist ein anderer. Zweifach gefalteter Tod: der Tod des Anderen ist mein Tod: mein Tod ist der Tod eines Anderen (gen. obiec./gen. subiec.): ist ein *anderer Tod*

\*

Inversion: der e i n e Tod / der a n d e r e Tod
   Inversion: die Vereignung des a n d e r e n Todes / die Veranderung des e i n e n Todes

\*

Teure Leiche gewiß, Discounter bewußtloser Begierden oder Wesen abstrakter gewiß auch. Und das auch das ist die Beute zur künftigen „euch" Beute ich

\*

Altes Licht altern die Toten altern nicht. Thanatographie: die Toten altern nicht es. Es ist nur der Abstand, der sich vergrößert objektiv bleibt er immer gleich subjektiv oder. Lichtflut, so sagte er mir, daß er, seitdem er so alt geworden sei wie seine Mutter war zum Zeitpunkt seiner Geburt, daß seitdem, seit diesem Zeitpunkt eben sein Leben zurücklaufe. Sein Leben zurückzulaufen beginne seitdem Hälfte des Lebens

\*

Totenmaske Pesthauch

\*

„Denn die Überlebenden sind von den Toten verlassen. Dies ist so schrecklich wie das Gegenteil, das einträte, wenn die Toten nicht tot

124

wären und das Leben der Lebenden besetzen würden. Hybrides Vergessen wäre von derselben Tödlichkeit wie hybrides Erinnern. Die Ubiquität der Ahnen wäre für das Überleben so tödlich wie ihre völlige Absenz. Kultur ist *nicht* der Kultus der *Mitte* zwischen beidem. Sondern Kultur ist der Mechanismus, der die überwältigende Menge der Toten von den Lebenden fernhält, um ein Weniges von wenigen Toten wertzuschätzen, um daraus die Ordnung des Symbolischen aufzubauen. Kultur ist immer auch die Schuld, die *meisten* Toten vergessen *zu wollen*, weil diese zu erinnern, die Kultur zur Nekropole verwandelte – was *niemand wollen kann.*"58

*

Fahnenklirren gelbe Birnen seitdem. Rücklauf des Lebens. Das ist ein Gesetz: „seitdem ich so alt geworden bin wie meine Mutter war zum Zeitpunkt meiner Geburt, läuft mein Leben zurück"

*

Totenmaske Pesthauch

*

Immer noch spaltet sich, Metastasentrauma, eine Zelle nach der anderen, Verzweiung, Wucher, wie ein Tumor wuchert im Gedächtnis sein sein unvordenklicher Tumor in meinem Gedächtnis Zweifel einer Verzweiflungshoffnung jener Zukunft ein Totenraum der
    Totenraum der Hoffnung oder der Verzweiflung by heart. Um der Hoffnungslosen willen die Hoffnung: „uns". Die toten die Toten
    uns die Toten die Toten uns. Verzweiflungshoffnung einer Art Einheit wäre die undenkbare Einheit der Lebenden und der Toten jenes stets einzigen Urwortes einer an „uns" adressierten Hoffnung Hoffnungsloser jener
    Einheit von Hoffnung und Verzweiflung im
    Herzen einer kommenden Erinnerung einer stets kommenden Wortwahl „uns"

*

Enthüllt sich der Umriß eines anderen Todes, der einen eigens über-
kommt, befällt wie ein Schimmel der andere Tod den einen wie eine
breitgestreute Infektion. Ich überlebe meinen Tod nicht, mein Tod
überlebt mich
    beispielsweise als

*

Totenmaske uns mir aufgespielt wie ein welkverwelktes Hochzeits-
kleid das, sagte er, das sei, wäre es der Tod, käme er in dieser Maske
sein Tod mit dieser Scheme. Schementanz, daß
    sagte er sich ihr, daß, wenn er tot wäre, es das immer noch gäbe
den Zug der Schemen vor seinen kaltgeblendeten Augen starr einwärts gerichtet. Trostsäkulum die Welt tröstlich das und nichts als nur
dieser Zug und dieser Marsch dieser schwere schwerfälligschwere
Marsch im Winter vertreibt den Winter, den
    den es den Marsch den Zug durch die sperrangelweitgesperrten
Stadttore immer noch gäbe immer noch, daß es also das immer noch
gäbe wenn er nicht mehr wäre, wäre er ein hoffnungsloser Fall eine
Beute eben für „uns“, „euch“, „uns“, daß
    daß es also das immer noch gäbe wenn er nicht mehr wäre, ein
kann man das sagen, das wäre ein Trost fast ein trostloser Trost fast
beinahe

*

Die alte Frau, das Kind. Ein Erkerfenster lange hinausgeschaut auf
die Straße, die ein wenig belebte. Sonntagnachmittage so viele und
vielleicht wenige nur ein paar vielleicht viele. Die alte Frau. Der
Hund und der Stadtpark die Vögel einmal und einmal ganz nah.
Zwitscherlied klirrend und licht und heiter einmal. Silbergesang der
Vögel und Sonne duftete in den Haaren, Seelentran durch alle Poren
lichtes Lied. Das Rad geschlagen mehrmals. Sie lachte. Die Wiese der
grünriechende Teich. Trauerweideninkognito. Die langen Sonntage
lang eine unverzeihlich zerbrochene Trautheit nahtlos nichts anei-

126

nandergefügt. Aller Bettelei zum Trotz. Süßer Staub in den Lungen, das bleischwere Ticken der Standuhr zu jeder Stunde der Stundenschlag auf Schlag und wie

wie das Hundchen so habe sterben müssen, so elend krepierte so lange so quälte die Nacht die endlose Nacht lang wie oft, jetzt, ein einziges Mal daran gedacht, wie sie wohl starb, in welcher Nacht, mit welchen Qualen vor allem schließlich allein wohl, ganz, ihren Tod. Am Morgen erst, sie habe nicht gewußt, was tun, das arme Hundchen ein Hundesterben am Morgen erst der Arzt, die Spritze, wer. Die

unnachahmlich zerbrochene Trautheit ein Mißverständnis nichts anderes. Ich habe es ihr nie gesagt, nie über die Lippen. Nein, den Apparat, nie angerührt und nie anrühren wollen. Ein Fernglas verkehrt herum, das war alles ein

Mainzelmännchen, ganz schwarz, kriecht wie ein Schornsteinfeger, kriecht rußblasend aus der Pfeife, das die ganze Zeit wollte sie das solltest Du sehen. Sie lachte. Rußgeschwärztes Mainzelmännchen ihr Mainzelmännchentod ihr allerletztes Geleit ihre Totenmaske nächtens

*

Schreien Verlangen

*

Nicht wollen können? Dead Man niemand. „Niemand" kann. Das ist Das von dem ich wollen kann, daß es ist, Niemand. Einmal mehr. Nekropolis chambre la chambre verte, mon amour. Lethe stigma questionmark over your head was, was

ich vergessen wollen kann, um es nicht zu erinnern, das muß ich schon immer, „immer auch", erinnert haben, um es vergessen wollen zu können: Totenwache. Die Totenwache, geben wir das einmal zu Protokoll, ist deshalb oder hat statt deshalb jenseits oder unterhalb der Schwelle eines wie auch immer gearteten Voluntarismus oder auch Dezisionismus. Kultur ist deshalb nicht die Schuld, auch nicht „immer auch" die Schuld, die meisten (kursiv) Toten vergessen zu wollen (kursiv) – überhaupt: die Schuld zu vergessen oder die Schuld vergessen zu wollen? Also Kultur

Kultur ist deshalb nicht die Schuld, auch nicht „immer auch" die Schuld, die meisten (kursiv) Toten vergessen zu wollen (kursiv), sondern. Kultur ist Totenwache. Vom Überleben Gezeichnete sie sind sie. Schuld ist Überleben als ob

als ob der Tod ein Mord wäre, den man nicht hat verhindern können

*

Totenmaske Pesthauch und daß es das immer noch gäbe auf den Straßen, Schwarzpulverdampf und ein fetter Rauch verbratener Würste in Reih und Glied, Pferdeäpfel, nasses Stroh und ein Wind und eine Kälte. Vitamin C nie verloren nie Fastnachtseskalation treppauf. Als hielte die Zeit die Luft an Raumfalte gefaltet, Majestät, die Stadttore, die weitoffenen, Majestät. Das ist Das. Das gibt es das ist die Feier, das Fest das einzig mögliche. Jedes Fest ist, wenn es ein Fest ist, ein Fest der Lebenden und der Toten. Auf den Straßen getanzt als wäre die Pest ausgebrochen die Ratten verschleppt. Das ist die Maske die mein Tod trägt, die Scheme, Narro! mon amour

*

sondern Kultur ist Totenwache. Mechanismus, der die überwältigende Menge der Toten von den Lebenden fernhält der Mechanismus die Toten Mechanik großer Maschinen schwerschnaufender Maschinen. Doch längst nah nah sind die Toten in Lichtspeichern. Klaftertiefe Schnittstellen beigebracht mit allerdings neuwertigen Rasierklingen allerdings. Und apropos: überwältigend, wenn wir schon von Massen, von Mengen sprechen, mein Herr, überwältigend sind die der Lebenden.

*

missing link Rilke der alte Herr Brigge, der Kammerherr und sein großer, ausschweifender, lautschweifender Tod. Wunschtod der „Wunsch, einen eigenen Tod zu haben". Der Wunsch, einen eigenen

128

Tod zu haben, werde „immer seltener"[59]. Immer seltener mein

Tod „O Herr", gib Tod geben zu jeder Glasstunde zu jedem Stundenschlag „seinen eigenen Tod"[60] seinen, den großen Tod, „den jeder in sich hat", rittlings über dem Grabe die Leibesfrucht mein, Tod aber welcher welchen Tod

stirbt der Kammerherr Christoph Detlev Brigge auf Ulsgaard: „Christoph Detlevs Tod lebte nun schon seit vielen, vielen Tagen auf Ulsgaard und redete mit allen und verlangte. Verlangte, getragen zu werden, verlangte das blaue Zimmer, verlangte den kleinen Salon, verlangte den Saal. Verlangte die Hunde, verlangte, daß man lache, spreche, spiele und still sei und alles zugleich. Verlangte Freunde zu sehen, Frauen und Verstorbene, und verlangte selber zu sterben: verlangte. Verlangte und schrie." (Rilke, Malte. S. 16)

*

verlangte und schrie

*

„Und wenn ich an die andern denke, die ich gesehen oder von denen ich gehört habe: es ist immer dasselbe. Sie alle haben einen eigenen Tod gehabt. Diese Männer, die ihn in der Rüstung trugen, innen, wie einen Gefangenen, diese Frauen, die sehr alt und klein wurden und dann auf einem ungeheueren Bett, wie auf einer Schaubühne, vor der ganzen Familie, dem Gesinde und den Hunden diskret und herrschaftlich hinübergingen. Ja die Kinder, sogar die ganz kleinen, hatten nicht irgendeinen Kindertod, sie nahmen sich zusammen und starben das, was sie schon waren, und das, was sie geworden wären." (ebd. S. 18)

*

verlangte und schrie

*

Hegelreminiszenzen einer Totalität meines anderen Todes, meiner selbst als des Toten für „euch", „dich" und Sartre, dem ich immer, er weiß tatsächlich nicht warum, immer alles verziehen habe und Sartre hinter dessen Sarg sie zu Tausenden hinterhertaperten und Sartre starb im April 1980 voll Totenbücher abrupt versiegelt, hand streichartig die Handreichung abrupt. Hegelreminiszenzen zwischen An-sich und Für-sich, von Parmenides über Hegel und Heidegger zu Sartre et vice versa dies ja dies „diese offene Totalität, die das angehaltene Leben"[61] sei. Was hätte Lévinas, der aus weiß Gott welchen Gründen eigentlich nicht gut auf Sartre zu sprechen war, was hätte er zu diesen was dazu gesagt: künftige, kommende, künftige Beute des Anderen

*

Schuld ist Überleben als ob die Überlebenden: „für Rudi, für Tilmann, für Thilo" als ob. Als ob der eine den anderen tot aber alle tot. Überlebt mancher Überlebende überlebt die Schuld der Überlebenden aber nicht. Überlebt nicht Überleben als ob Thilo, Tilmann, der Mord wäre, den man nicht hat verhindern können, der Mord sei, die Rücklichter rot in der Nacht schwindend. In der Nacht verschwinden die Rücklichter rote Rücklichter gehemmte Karawane der Überlebenden zieht kein Hundegebell für Rudi „Herzstillstand"

*

Beuteleib Christus mein Leib dies da ist das ist eine Eucharistie meiner Kleinmut aber einmal
    einmal die Totalität des Todes, SEINES, der ein anderer ist, SEINES Todes, der total war, war und ist dieser Rest da, nichts sonst, das ist das da, der Gesalbte, leichenblaß erloschen Kyrie eleison ganz
    ganz passives Sein für Anderes ganz und gar künftig

*

„daß der, der den Sinn seines künftigen Todes zu erfassen sucht, sich als künftige Beute des anderen entdecken muß" (Sartre, S. 934)

130

*

verlangte und schrie seinen Tod seinen in die Arme geschrieben. Daß
der Tod, sein schwerer Tod, schrie und schrie das Schreien dieses
Todes zum Schreien komisch oder nicht. Schreien Brüllen Schreien
Gehör

*

Jahre später viele, erzählt er mir, habe er sie noch einmal besucht.
Noch immer wohnte sie in derselben Wohnung, vis-à-vis dem Kinder-
haus in so vielen so unzähligen Träumen stadteinwärts. Und sie habe
das Fenster geöffnet, ihn zuerst nicht erkannt. Erzählt er mir. Sie
habe sich, was auch sonst, gefreut sehr gefreut. Ein letztes Mal und irgendwann habe, sei ihm zu Ohren gekommen tot sie sei tot. Jahre
später. Erzählt er mir. Das Erkerfenster gibt es noch längst renoviert.
Totes Haus Augenhöhle wie eine ausgehöhlte leergeschabte. Seitdem, wenn er daran vorbeigehe, blicke ihn, erzählt er mir, stiere ihn
das Haus an mit hohlen Blicken mit toten. Jahre später noch einmal
besucht sie
    war immer heiter gewesen freundlich damals nicht mehr nieder-
geschlagen eher gedrückt. Daran lag es daran, daß er kein Kind
längst nicht mehr war. Nichts hatte sich verändert alles. Du aber wir
haben doch immer Du zueinander gesagt. Die Frau, das alte Kind.
Irgendwann hatte sie ihm einmal prophezeit, daß er, wenn er kein
Kind mehr sei, nicht mehr kommen würde. Nein, nein, lauter Protest
nein das stimme nicht das nicht so nicht.

*

Qualmund, Schmerz, das Schreien, Schmerz man müsse, sagt
Heidegger und er muß es ja wissen, müsse oder könne oder werde
wie auch immer jedenfalls die Metaphysik verwinden wie man einen
Schmerz verwinde. So sagte er das einmal, indem er endlich der
„Überwindung" nicht länger das Wort redet, das Wort entzieht, die
als „Überwindung" einer Disposition verpflichtet bleibt, mehr denn
je, die er doch sein Leben lang zu kündigen versuchte so (die „Über-

windung", wirklich kein schöner Zug von Ihnen, mein Herr, er
schiebt sie dann Nietzsche, dem ausgerechnet, in die Schuhe umgekehrt, wird ein Schuh daraus) so sagte er das

das einmal und gefragt mehr als einmal habe er sich gefragt, ich,
ob es nicht dieser Schmerz ist, dieser ihn nicht verwinden können,
nie und niemals diesen Schmerz, die Intelligibilität dieses Schmerzes

*

Ich überlebe meinen Tod, nicht, doch mein Tod überlebt mich
beispielsweise

als „Rest" beispielsweise ein Beispiel unter anderen. Idiomatischer
Rest ohne Wendung ohne gemäße Wendung. Reliquienschrein nie-
verwestes Schneewittchen, unter Glasglocken. „Selbst die Sprache",
hören wir hin, „vermag nicht mehr zu präzisieren, wie es um die
‚Reste' des Lebendigen steht. Der verwesende Körper wird zu jenem
Ding, das in keiner Sprache einen Namen hat."[62]

*

Quellmund spricht Schmerz zu und schrie und verlangte. Gehör. Nur
mehr eine Konstruktion: auch wenn Rilkes Insistenz auf der Eigenheit des Todes, die zugleich einen nicht unerheblichen kritischen
Einwand trägt gegen die *modern times*, in denen das Anonymat des
nur mehr klinischen Todes sein Unwesen treibe, noch und vielleicht
mehr denn je der Rhetorik egothanatologischer Präsupposition
verpflichtet bleibt, bleibt eine gewisse Resistenz zu notieren vis-à-vis
eines Schreiens, dem Gehör zu versagen keinem ansteht. Die literarische Installation der Eigenheit des einen Todes verspannt sie mit
dem des anderen, dem anderen Tod. Rilke wäre Scharnier, als Relais
einer christlich-hellenischen Transmission der kaum je in Frage
gestellten Exemplarität und Totalität des einen Todes, ein Gelenk
obzwar, das sich aber ab einem bestimmten Punkt, man könnte
sagen, auskugeln könnte wäre wie verrenkt. Von diesem Punkt aus of
no return gälte es, wie in einer Art Parallelmontage der einfältig
tradierten Urszenen, den ganz anderen Sinn freizulegen, den Christus, hundemüde war er der, ich weiß es, der Sokratischen Dinner-

132

party fernblieb und entgegenstemmte zwischen Kelch und Becher. Das spielte sich folgendermaßen ab in etwa so

\*

Mit jedem Toten ein Tod geboren. Leibbeute Christi negative Geburt sozusagen. Post Christum mortem. Der Tod ist die Frucht also des anderen Todes des Verschiedenen, Adieu!

\*

so in etwa wie also „Wie war doch das, o Phaidon?" (58a)[63] ziemliche, zuallererst einmal das zu sagen festzuhalten, ziemlich viele zugegen und ihm selbst, o Phaidon, wie denn war Ihnen zumute, mein Herr „ganz wunderbar zumute dabei" (58d) stirbt Sokrates' Tod. Erstaunlich: „in einem wunderbaren Zustand befand ich mich und in einer ungewohnten Mischung, die aus Lust zugleich und Betrübnis zusammengemischt war" (59a). Man sollte das festhalten: ein Zugleich aus Lust und Betrübnis, Unlust wie man heute wohl sagen würde. Eine ungewohnte Mischung jedenfalls. Für Phaidon, für all die anderen, für Sokrates vielleicht und auf seine Weise nicht minder. All die anderen

\*

Quellmund spricht Schmerz unverwunden ein Schmerz wie eine Venusmuschel den Splitter in sich rundet zur Perle. Eine Art ornamentaler Prothetik eines spitzgesplitterten Schmerzsteinchens

\*

schliefen sie alle. Das sei, das könne nicht sein nicht, darf nicht sein, daß sie nicht einmal in dieser Nacht mit ihm wachten mit ihm in dieser letzten ihrer Nächte gemeinsam. Allein er ganz der Kelch, wenn es denn nicht sein muß, Vater, der Kelch, das Lamm, der Dornbusch frühentflammt, Passage eine Passage vielleicht gefällig. „Wie du willst" (Mt. 26,38) Der Akzent liegt auf dem „du" selbstre-

133

dend. Die Szene hat etwas schier Komisches. Slapstick Jesus Gethse-
mane: rennt auf und davon hin und her die Hände erhoben oder
gefaltet gebetet kommt zurück und die Fangemeinde döst und däm-
mert friedlich vor sich hin. Mehrmals das Ganze! „Könnet ihr denn
nicht  e i n e  Stunde mit mir wachen?" (Mt. 26,40) Alle

*

putzmunter, ausgeschlafene Jungs alle und während der eine da
vielleicht
    mit gemischten Gefühlen vielleicht
    seinen Becher Kelch Becher erwartet austrinkt trinkt bis zur bit-
teren vielleicht bitteren Neige gibt's noch das eine oder andere
Pläuschchen immerhin. Phaidon jedenfalls hat sich alles gut gemerkt
im Herzen by heart die Worte die stets kommenden, denkenden.
Also, wie war das, O Phaidon, mit dem Becher Kelch der Neige dem
Schnee von morgen und vor allem: schafft mir das Weib sich unge-
bührlich benehmende Weib vom Hals nach Hause „O Kriton"

*

Kümmert euch nicht um Sokrates denn ihr denn nicht  e i n e  Stunde wachen mit mir

*

O Kriton O Phaidon O Sokrates wie war das O ihr alle A und O und
so in etwa: Sokrates im Kreise seiner Jünger, letzter Akt, das Schiff aus
Delos angekommen, nichts mehr zu machen Aufzug letzter Akt.
„Darauf winkte denn Kriton dem Knaben, der ihm zunächst stand,
und der Knabe ging heraus, und, nachdem er eine Weile wegge-
blieben war, kam er und führte den herein, der ihm den Trank
reichen sollte, welchen er schon zubereitet im Becher brachte (...)
    setzte er an, und ganz frisch und unverdrossen trank er aus (...)
    sich zu halten, daß sie nicht weinten; als wir aber sahen, daß er
trank und getrunken hatte, nicht mehr. Sondern auch mir selbst
flossen Tränen mit Gewalt (...)

134

Was macht ihr doch, ihr wunderbaren Leute! Ich habe vorzüglich deswegen die Weiber weggeschickt, daß sie dergleichen nicht begehen möchten; denn ich habe immer gehört, man müsse stille sein, wenn einer stirbt. Also haltet euch ruhig und wacker. Als wir das hörten, schämten wir uns und hielten inne mit Weinen (...)

aber ging umher, und als er merkte, daß ihm die Schenkel schwer wurden, legte er sich geradehin auf den Rücken, denn so hatte es ihm der Mensch geheißen. Darauf rührte ihn eben dieser, der ihm das Gift gegeben hatte, von Zeit zu Zeit und untersuchte seine Füße und Schenkel. Dann drückte er ihm den Fuß stark und fragte, ob er es fühle; er sagte nein. Und darauf die Knie, und so ging er immer höher hinauf und zeigte uns, wie er erkaltete und erstarrte. Darauf berührte er ihn noch einmal und sagte, wenn ihm das bis ans Herz käme, dann würde er hin sein. Als ihm nun schon der Unterleib fast ganz kalt war, da enthüllte er sich, denn er lag verhüllt, und sagte, und das waren seine letzten Worte: O Kriton, wir sind dem Asklepios einen Hahn schuldig, entrichtet ihm den und versäumt es ja nicht. – Das soll geschehen, sagte Kriton, sieh aber zu, ob du noch sonst etwas zu sagen hast. Als Kriton dies fragte, antwortete er aber nichts mehr, sondern bald darauf zuckte er, und der Mensch deckte ihn auf; da waren seine Augen gebrochen. Als Kriton das sah, schloß er ihm Mund und Augen." (117a ff)

*

fand sie schlafen vor Traurigkeit

*

Das ganze Brimbamborium um Sokrates, diese aufgepropfte Spreizung hat etwas unansehnlich Manieriertes, Paraphrasiertes, bis zur Überhandnahme Stilisiertes. Doch es gibt keinen Grund diesen Tod ausgerechnet diesen Tod Sokrates' nicht unbedingt Ernst zu nehmen. Ernstfall Eins. Und Ernstfall Zwei zweifellos der wirklichkeitssattere erdigere haut- und knochen- und blut- und wortfleischhaltigere Tod zwei. Zwischen zwei Toden, zwischen dem Tod des Sokrates und dem Jesu spielt sich das ganze abendländische Drama ab, eingekeilt zwischen diesen Toden, ihrer Komik und Tragik, ihrem phantastischen Schwulst und der klammen Prosaik eines Einzigen, dem schauderte und fror im Glanzschatten eines längst feinpolierten Humpens überrandvoll gefüllt

*

„Soll ich den Kelch nicht trinken, den mir mein Vater gegeben hat?" Was für eine Frage gute Frage, mein Herr

*

Das Christentum mainstream wäre diese Kluft des Kontinuums zwischen Karfreitag und Ostern, wäre diese österliche Untreue Freitag gegenüber, dieser heißsinnige Verrat diesem Tod gegenüber, Sokratisierung des einen dieses  e i n e n  Todes Jesu, der ein  a n d e r e r  wäre, gewesen wäre eigentlich der einzige *andere Tod* Jesu. Mein Leib dies mein Blut dies dieser Tod über uns unsere Schuld als ob der Tod der Mord ohne Mörder. Kleine
   kleine Lektion in Sachen Kriechstrompsychologie: Man hält das im allgemeinen schlecht aus, durch einen anderen eines anderen Tod erlöst worden sein zu sollen zu sein, von aller Schuld ohne sich dafür, genau dafür, schuldig zu fühlen zu sein. Anbetrachts dieses Dilemmas alsbald versucht hartnäckig, jemand anderem die Schuld in die Schuhe zu schieben, Schuld der Entschuldung auch umgekehrt wird daraus kein Schuh daraus. Jesus Christus aber
   hat „uns" hat er „uns" vom Tode erlöst von „unserem" hat er das? Fragezeichen Jesus hat „uns" seinen Tod gegeben, den anderen Tod, und eine Erlösungshoffnung, Desperados! Denn niemals, hört genau hin!, niemals dürfe die Hoffnung auf Erlösung auf meinen eigenen, den einen Tod bezogen sein. Denn die Hoffnung, hört genau hin!, ist „uns" nur und nur um der Hoffnungslosen willen gegeben genau deshalb

*

offene Totalität angehaltenen Lebens: „So entfremdet uns die

136

Existenz des Todes in unserem eigenen Leben ganz und gar zugunsten Anderer. Tot sein heißt den Lebendigen ausgeliefert sein. Das bedeutet also, daß der, der den Sinn seines künftigen Todes zu erfassen sucht, sich als künftige Beute des anderen entdecken muß."[64]

*

„fand sie schlafen vor Traurigkeit" (Luk. 22,45)

*

nur um der Hoffnungslosen willen, gegeben genau deshalb, fallender falling star, Sternengel vom fallenden Stern der Erlösung, die Hoffnung nochmals

„‚Die Hoffnung fuhr wie ein Stern, der vom Himmel fällt, über ihre Häupter weg.' Sie gewahren sie freilich nicht und nicht deutlicher konnte gesagt werden, daß die letzte Hoffnung niemals dem eine ist, der sie hegt, sondern jenen allein, für die sie gehegt wird."[65] So ist es. Das ist die Wahrheit. Keine Scheu davor und keine Scheu, es zu sagen. Nicht deutlicher konnte gesagt werden, daß

„daß die letzte Hoffnung niemals dem eine ist, der sie hegt, sondern jenen allein, für die sie gehegt wird. Damit tritt denn der innerste Grund für die ‚Haltung des Erzählers' zutage. Er allein ist's, der im Gefühle der Hoffnung den Sinn  des Geschehens erfüllen kann, ganz so wie Dante"

Dantekorrespondent Benjamin Dante ganz

„ganz so wie Dante die Hoffnungslosigkeit der Liebenden in sich selber aufnimmt, wenn er nach den Worten der Francecsca da Rimini fällt, als fiele eine Leiche'." Als

fiele ein fallender Stern von jener jene „paradoxeste, flüchtigste Hoffnung" / „Schein der Versöhnung" / „Haus der äußersten Hoffnung" und:

„Elpis bleibt das letzte der Urworte: der Gewißheit des Segens ... erwidert die Hoffnung auf Erlösung, die wir für alle Toten hegen. Sie ist das einzige Recht des Unsterblichkeitsglaubens, der sich nie am eigenen Dasein entzünden darf." Das sind das die unerhörtesten Sätze, die ungewöhnlichsten, die atemberaubendsten Sätze, nicht wahr?, dieses Jahrhunderts der Brandschatzmeister so vieler eingespaltener Zungen. Nicht und niemals deutlicher gesagt die

\*

die Hoffnung auf Erlösung, die wir für alle Toten hegen, ist das einzige Recht des Unsterblichkeitsglaubens, der sich nie am eigenen Dasein entzünden darf

\*

zur epikureischen Finesse das metaphysische Sahnehäubchen, vom „der Tod geht uns nichts an, denn solange wir sind, ist der Tod nicht da, wenn aber der Tod da ist, dann sind wir nicht mehr" (Epikur), zur allmählich überkühlten Heroik des Leib-Seele-Dichotomen Sokrates ohne Rücksicht auf Sokrates' Ironie nämlich ganz feine. Man muß nur zuhören:

„Auf welche Weise", Kriton spricht, „sollen wir dich begraben/bestatten/beerdigen? – Wie ihr wollt, sprach er", Sokrates, „wenn ihr mich nur wirklich haben werdet und ich euch nicht entwischt bin. Dabei lächelte er ganz ruhig und sagte, indem er uns ansah: Diesen Kriton, ihr Männer, überzeuge ich nicht, daß ich der Sokrates bin, dieser, der jetzt mit euch redet und euch das Gesagte einzeln vorlegt, sondern er glaubt, ich sei jener, den er nun bald tot sehen wird, und fragt mich deshalb, wie er mich begraben/bestatten/beerdigen soll. (...)

daß ich ganz gewiß nicht bleiben werde, wenn ich tot bin, sondern abgezogen und fort sein, (...)

und, wenn er", O Kriton, Sie sind gemeint, „wenn er meinen Leib verbrennen oder begraben sieht, sich nicht ereifere meinetwegen, als ob mir Arges begegne; und damit er nicht beim Begräbnis sage, er stelle den Sokrates aus oder trage ihn heraus oder begrabe ihn. (...)

und sagen, daß du", Kriton wieder, „du meinen Leib begräbst, und diesen begrabe nur, wie es dir eben recht ist und wie du es am meisten für schicklich hältst." (115c ff)

Ding in keiner Sprache einen Namen namenlos dingloses Ding das Leichenparadox fort/da

„*Leichenparadox.* An der Leiche exemplifiziert sich ein Rätsel, eine unerklärliche Verdopplung. Auf der einen Seite ist die Leiche ganz offensichtlich identisch mit einem bestimmten Menschen: wir wissen genau, wer da liegt und gestorben ist; auf der anderen Seite aber ist dieselbe Leiche – ebenso offensichtlich – nicht identisch mit diesem bestimmten Menschen. Wie sollen wir das Rätsel lösen, die Verdopplung erklären? – Wir können behaupten, daß jener sichtbare Widerspruch zwischen Identität und Nichtidentität von allem Anfang an existiert hat: als dualistische Konstitution des Menschen, der mit einem Leib und einer Seele ausgestattet wurde; als Kombination von res extensa und res cogitans, die sich nur kurzfristig miteinander vertrugen – gemessen an den unendlichen Zeiträumen vor der Geburt und an den unendlichen Zeiträumen nach dem Tod. Aber schon Aristoteles hat an dieser Lösung gezweifelt; und ganz besonders seit der Aufklärung und Säkularisierung sind wir nicht mehr in der Lage, diesem Gedanken – wie einem festen Fundament, auf dem sich unsere Welt errichten ließe – zu vertrauen. Die Kritik an der Lehre vom menschlichen Leib-Seele-Zwitter hat uns freilich erneut vor das Leichenparadox gestellt. Nach dem Untergang der Religionen müssen wir uns abermals fragen, welchen Status die Toten einnehmen: jene Dingmenschen"[66]

*

bestechende Prototypik aller euthanatologischen Rhetorik: wenn Sokrates ist, ist Sokrates nicht tot; ist Sokrates tot, ist Sokrates nicht. Und das Ganze dann behend auf die Spitze getrieben, überboten durch eine Art Alibi, da doch Sokrates nicht tot ist, wenn er tot ist, „abgezogen" ist, fort/da, anderswo eben. Was sollte solch ein Tod denn schon sein, wenn nicht „schön"? Denn die Leiche, der Kadaver, das Aas – den Namen nicht zu vergessen, unter anderem, die Nominalität und Testamentarität des Namens als solchen –, denn der tote Sokrates ist nicht Sokrates. Denn der Tote ist nicht. Denn der andere Tod es gibt ihn nicht. So ist das. Kümmert euch nicht um Sokrates. Abspaltung des Todes vom Toten, von den Toten. Sokrates' Tod wäre der erste Fall okzidentaler Euthanasie, ihr Schema wie ihre Scheme, bedingt durch die Reduktion des Todes auf den einen, durch die Leugnung der Realität dessen, was, beispielsweise, die tragische Katastrophe der Sophokleischen „Antigone" motiviert, trägt und bestimmt. Und „häßlich", endlich häßlich wird der Tod, schrecklich und, auch das, schmerzvoll, gräßlich wird der Tod O Sokrates

geliebter Lessing, durch den einen und einzigen Einen, oder nicht?, „um den sie herumstanden, weil er fremd war und starb"[67],

wird der Tod werden durch den, der seinen Tod vereignete „uns", der den anderen Tod starb, der einen Tod starb, der ihn überlebte also ist es

Ist es möglich, daß die Vielen, die ihm nachfolgen zu können glauben fest glauben, seinen Tod nicht ertrugen? Ist es möglich, daß sie ihren Tod anstelle des seinen setzten, daß sie den einen anstelle des anderen Todes rückten, um eine Hoffnung auszuplündern, die für den Einen allein den Einen bestimmt ist und war und sein wird, den Einen, um den sie herumstanden, weil er fremd war und starb?

Ist es möglich, daß die ganze Weltgeschichte zwischen zwei Toten verkeilt ist, imprägniert durch den Übergriff des einen auf den anderen, zwischen zwei Toten, versperrt durch den Übergriff des e i n e n  auf den  a n d e r e n ?

wo dein Bruder ist wo

\*

„Das Sterben des Todes ist aber noch irgendwie eine Tat, ein Actus des Lebewesens selbst."[68]

\*

Mördertraum die vorletzte Stunde die Wahrheit dieser Stunde. Abel erschlug Abel. Kain

\*

Das Sterben des anderen Todes, was auch sonst dazu gesagt werden kann, ist keinesfalls „irgendwie" noch eine Tat, kein Actus des Lebewesens, sondern reine, unbedingte, maßlose Passivität des Passiven – Passion. Geste der Passion: die Augen gebrochen. Als Kriton das sah, schloß er ihm Mund und Augen. Der endlich wortkarge Ernst, die verhaltene Schlichtheit von Kritons Geste verleiht der Sterbeszene Sokrates' zuletzt eine fast lakonische Würde noch. Die Augen schliessen, den Mund und die Augen die gebrochenen Augen, heißt und steht im Geheiß von nun an. Zeugnis, von nun an träumte Pirandello Pirandellos Traum träumte uns den Traum der toten Mutter. Sagte, daß
   daß man die Dinge mit den Augen derer sehen müsse, die sie nicht mehr sehen; daß das einen großen Schmerz bedeute; daß dadurch aber die Dinge schöner würden und heiliger.

*

löwenherzlos Gehängter am Fensterkreuz, hic Leones, dessen
Gesicht ich kaum noch zu erinnern vermag ein wenig noch die Brille,
ein etwas schüchternes Lachen, die krausen, am Ansatz schon schüt-
ter werdenden Haare. Und daß er Griechisch so emsig Griechisch
lernte. Aristoteles las, sprachanalytisch, meinetwegen soll er. Und daß
er sich eines Tages nachts am Fensterkreuz erhängte die unerhörte
Liebe taub fast die Füße blaßgefroren

*

„Man sagt, daß den Sterbenden die Augen brechen, weniger um die
spätere Zerstörung des Augenlichts zu antizipieren, als um den Moment festzuhalten, in welchem der Augenkontakt mit dem Sterbenden abreißt. Brechen kann nur eine Verbindung, ein Zusammenhang. Und zu den ersten Handlungen, die am gestorbenen Menschen verrichtet werden, zählt, daß ihm die Augen zugedrückt werden."[69]

*

O törichter Mensch, der Menschliches maßlos leidet!

*

Abel erschlug Abel Kain eher ein Zufall. Kain ist der Name Abels seit
er Abel erschlug. Jeder wird sein der Mörder des Toten, Anderen. Als
ob. Die Alternative zu Kain ist nicht Abel, sondern Kain. Kain erschlug Kain, der von nun an Abel heißen wird der tote Kain Abel.
Kain erschlug Abel, nicht einmal wieder und wieder.

*

Zweimal und zweimal als Farce, Inszenat eines republikanischen
Todes in Zeiten der Tyrannis: Seneca, der zähe alte Mann, wollte
nicht verbluten einfach nachdem er sich, auf Neros Geheiß, die

142

Pulsadern öffnete, an den Händen, den Kniekehlen, den Beinen. Meditatio mortis einer gewissen stoischen Sturheit, der Respekt zu versagen niemandem ansteht. Wäre Philosophie also nichts anderes, hätte sie ihren eigentlichen Sinn, ihre wesentliche Bestimmung in der *meditatio mortis*, Zurüstung zum Tode also das? Und *meditatio mortis alteris?* Davon kein Wort, und eine Philosophie, wenn es noch eine Philosophie wäre und sein könnte, die den anderen Tod, auf ihn präparierte, wie könnte sie das? Der andere Tod ist vor allem nicht nur das: ein Bruch, eine Zäsur, ist vor allem: eine Gewalt. Erduldete, erlittene, zugefügte Gewalt, von welcher der Tod nicht erlöst oder befreit, sondern die dieser Tod ist. Stoas Ataraxie am verkehrten Ende. Deep End. Seneca also die Imitatio Socratis oder Ikone also wird sich, nachdem sein Blut partout nicht versickern wollte aus Armen und Beinen, nachdem ein ominöser Schierlingsbecher die erwartete Wirkung nicht tat, Seneca verschied dann in einem Dampfbad. Hört man.

*

Fleischwort Gedächtnisse Geständnisse. Wenn da einer stürbe in jenen in

„jenen Jahren", der Hl. Augustinus ist da, in „jenen" Jahren noch ganz und gar nicht, was man „heilig" nennt, ist erst einmal, erfährt man, 19 Jahre alt, hören wir zu ein wenig also[70] in

„In jenen Jahren ... hatte ich einen Freund gewonnen, der mir überaus teuer war ob der Gemeinsamkeit der Neigungen, gleichaltrig mit mir und brüderlich blühend in der Blüte der Jugend." Kann man das sagen das: etwas servil, jedenfalls nicht ohne die angesichts dieses Gesprächspartners allerdings üblichen Devotionalien, auch mit einem gerüttelt Maß an Untreue dem Freund gegenüber bemerkt Augustinus, daß ihre Freundschaft zwar keine „echte" (vera), keine von Gott selbst durch göttliche Liebe gezeichnete gewesen sei, aber „köstlich war sie gleichwohl überaus, gereift an der Glut der gleichen Neigungen." Gewiß keine guten Neigungen, von „Glut" immerhin ist die Rede, keine guten waren das, doch das ist nicht von Belang momentan denn, es geschieht dann das, Schlimmes

„hast Du ihn hinweggenommen aus diesem Leben, da er kaum ein Jahr der Freundschaft mir erfüllt hatte, die mir wonnig über alle

143

Wonnen im Leben jener Tage war." Also geht es um Schmerz einmal mehr vom

„Schmerz darüber ward es finster in meinem Herzen, und was ich ansah, war alles nur Tod. Die Heimat war mir Qual, wunders unselig das Vaterhaus, und alles, was ich gemeinsam mit ihm erlebt hatte, war ohne ihn verwandelt zu grenzenloser Pein. Und ich haßte alles, weil es ihn nicht barg und nichts von allem mir noch sagen konnte: ‚sieh, bald kommt er‘, so wie es ehemals gewesen, wenn er eine Weile nicht zugegen war. Ich war mir selbst zur großen Frage geworden, und ich nahm meine Seele ins Verhör, warum sie so traurig sei und mich so sehr verstörte, und sie wußte mir nichts zu sagen. Und wenn ich ihr sagte: ‚Hoffe auf Gott‘, so gab sie billig kein Gehör: denn wirklicher und besser war der Mensch, mit dem sie den liebsten verloren hatte, als der Truggott, auf den zu bauen sie geheißen war. Einzig das Weinen war mir süß, und es war an meines Freundes Statt gefolgt als die Wonne meines Herzens."

*

„Wie kann etwas Todtes sein?"[71]

*

Das Weinen einzig süß Herzens Wonne an des an meines Freundes Statt und Stätte. Double bind der Sensibilitäten eine Geschmacksfrage des Geschmacksurteils, eine Frage auch eine des Schmeckens. Augustinus zumindest, erster überlebensgroßer Psychologe des neuen Äons – und sollte bis Nietzsche überhaupt einer in Erscheinung treten, der diesen Titel mit mehr Recht trüge als Augustinus? – Augustinus wird den jähen Umschlag der Bitternis (amaritudine) in Süße (dulce) zur Sprache bringen. Brüsk, ohne Schonung wie er nun mal so schreibt genauer er betet woher es komme also „Woher also kommt es, daß von der Bitternis des Lebens als süße Frucht gepflückt wird das Seufzen und Weinen und Stöhnen und Klagen?" Und fragt weiter, nachdem ihm einige Vermutungen selbst nicht recht überzeugen wollten: „Oder ist das Weinen selbst etwas Bitteres,

144

und wird uns nur wohl dabei vor Überdruß an allem, was uns vordem ein Freugenuß gewesen, alsdann zum Ekel geworden ist?"

*

reine, unbedingte, maßlose Passivität des Passiven – Passion: „Schmerz" namenloser, entrückter Schmerz, ortloser zeitloser und freischwebend einer Schmerzzone, die das Gesetz birgt der Kondition und Konstitution eines Todes, der anders ist als der Tod der
  anders ist als Tod. Auf diesen Schmerz, auf die Transzendentalität dieses Schmerzes antwortet die Transzendentalität des Zeugnisses einzig dieses diese Verantwortung

*

Fensterkreuztheologie mitten im Schwarzwald mitten dort hing ein Italiener ein kleiner Italiener eines Tages dann mindestens einen Kopf größer und kein Wort, man mag es nicht glauben, kein Wort Italienisch von seinen Lippen gelesen damals eine Ahnung eine erste nachträgliche Vorahnung seiner aufkeimenden Zerrüttung längst in voller Blüte fruchtreif. Damals im Hof, in der Hand Karten gespielt, einer der ewig warmen Tage, wie es sie nur in Freiburg gab niemals wieder italienische Klimate deiner Klimax deiner Irrung umher. Baumkreuztheologie. Damals im Hof, ich erinnere mich sein an seine plötzliche Lautstärke Ausruf verhalten genug der Leisesprecher stets. Laut unerhört. Laut. Als er dann hing an seinem Baum dann konnte ich dann ihn hören endlich hören an seinem Baum aststarker Baum. Ich erinnere mich genau so weiß es nicht ich so wie. Wie gut ich ihn kannte

*

zwischen zwei Toten verkeilt, zwischen Sokrates Jesus: auf Golgatha habe er die Totalität des Todes, seine Unbedingtheit restituiert oder stituiert je nach dem, den Zugang verbaut zu jenen diesseitsdienstbaren Jenseitigkeiten, die Unmöglichkeit seiner Minimalisierung und Miniaturisierung, seiner ästhetizistischen Anästhetisierung, man

145

könnte sagen, ein für allemal demonstriert das monster movie auf Golgatha das: die Theologie des Kreuzes des einen der starb die einsamste Stunde starb. Vaterunserverlassen. „Für uns". Daß die, die die Fluchtspur seiner unfernbaren Exemplarität aufnahmen wie Herrenhunde weitgehetzt die Bahn ebneten die ganz und gar schiefe Bahn abschüssig und eine Schräge zwischen Karfreitag und Ostern als wäre er für sie gestorben, um ihnen, das glauben sie, zu sekundieren im Zwist und Hader mit Freund Hein, so als lebten sie nicht für ihn die Überlebenden seines Todes nicht für ihn. Verwechselt mich vor allem nicht!

*

Ekel der Ekel? Schwer zu sagen. Augustinus jedenfalls scheut auch vor dieser Antwort zurück, vor der Antwortung überhaupt. „Aber was rede ich da? Nicht Fragen aufzuwerfen ist jetzt die Zeit, sondern Dir zu bekennen." Aha. Nebenbei

bemerkt: ist Fragen etwas anderes als Bekennen, als Beten? Kann es sein, daß sich zu Gott zu bekennen einen anderen Modus erlaubt und überhaupt erlauben kann als den der Frage? Eine gute Frage. Und das Fragen sei, sagt Heidegger, die Frömmigkeit des Denkens. Das Fragen oder die Frage gleichviel, Augustinus jedenfalls wird in seinen „Bekenntnissen" gar nichts anderes tun als Fragen über Fragen aufwerfen und stellen. Immer wieder unterbrochen durch solche eigentümlichen Vorbehalte gegen das Fragen als solches, gegenüber der Instanz der Befragung als solche, die ihm im Verdacht steht, das Bekenntnis als solches zu substituieren oder zu verdrängen. „Nicht Fragen aufzuwerfen ist jetzt die Zeit, sondern Dir zu bekennen." Die Zeit übrigens, dort, wo er im berühmten elften Buch über die Zeit nachdenkt, grübelt, dort auch findet sich jene fast amüsante Stelle, wo er, der Augustinus, betont, er würde auf die Frage: „‚Was tat Gott, bevor er Himmel und Erde erschuf?'"[72] nicht antworten: er, Gott, habe Höllen hergerichtet für Leute, die so hohe Geheimnisse ergrübeln wollten. Nein, seine Antwort sei das nicht. Doch wird spürbar zumindest das wird spürbar wie ihm die Höllen oder die Ruten zusetzten bedrängten drohend als Entgelt des Fragens selbst. Oder nicht? Nicht Fragen

„aufzuwerfen ist jetzt die Zeit, sondern Dir zu bekennen." Folgendes: „Elend war ich dran, und elend dran ist jeder Geist in der Fessel seiner Freundschaft mit dem Vergänglichen, und zerrissen wird er, wenn er's verliert, und nun erst fühlt er das Elend, worin er doch schon gewesen, noch eh das Verlieren kam. So war es zu jener Zeit mit mir, und ich weinte bitterlich und fand Ruhe ‚in der Bitternis.' Ja, so elend war ich, und dennoch galt mir selbst dieses elende Leben teurer als der heißgeliebte Freund." Und

dennoch nach diesem „dennoch" oder „doch" wird Augustinus noch das elende Leben höher werten als das des Freundes, das er dafür nicht hergeben wollte. Er wisse nicht, ob er sein Leben – wie „Orestes" und „Pylades" – für das des Freundes gegeben hätte. Wie Orestes und Pylades, denen der eigene Tod weniger schrecklich anmutete als das Ende ihrer Sozialität, den der eigene Tod weniger schrecklich anmutete als der Tod des Anderen also als der andere Tod. An diesem Punkt, merken wir das an, ist Augustinus expressis verbis nicht. Daß der eigene Tod weniger dünkt als der Tod des Anderen – woraus mitnichten folgt und folgen kann, das eigene Leben dranzugeben vis-à-vis des Todes des Anderen, was, das sei betont, eine ganz andere Frage wäre – aber erscheint hier, indem Augustinus zögert, die Alternative, anstelle des Anderen zu sterben, ins Auge zu fassen, aber zumindest als Möglichkeit. Und als diese Möglichkeit könnte sie die Ordnung, wenn man es so nennen will, zwischen dem einen Tod und dem anderen verschieben. Könnte, tut sie aber nicht, nein

„Nein, ich weiß nicht, welch ein völlig entgegengesetztes Gefühl in mir erwacht war: der Überdruß am Leben lastete schwer auf mir, aber gleichschwer auch die Furcht vor dem Sterben. Ich glaube, je tiefer ich den Freund geliebt hatte, um so tiefer haßte und fürchtete ich als den wütendsten Feind den Tod, der ihn mir entrissen hatte, und ich meinte schon, er werde jählings alle Menschen verschlingen, da er ihn hatte verschlingen können. Ja so war mir zumute, genau so, ich erinnere mich."

*

Ekel der Ekel taedium vivendi oder vitae der den Verzweifelten noch über seine Verzweiflung verzweifeln läßt ein Leiden läßt, das schlimmer sei als der Tod also nicht erlöst, selbst wenn er das, wie immer, täte. Der Ekel schwarzes Gift und Galle, Nadelöhr nicht nur einmaliger Schwermut zwischen Nietzsche und Sartre also der Ekel, hier findet er seine wohl hellsichtigste Programmatik hier, hör gut zu genau im

„Gegenteil, die Qual der Verzweiflung ist gerade, nicht sterben zu können. Sie hat auf diese Art mehr gemeinsam mit dem Zustand des Todkranken, wenn er liegt und sich mit dem Tode quält und nicht sterben kann. So ist dies Zum-Tode-krank-Sein das Nicht-sterben-Können, doch nicht so, als gäbe es noch Hoffnung auf Leben, nein, die Hoffnungslosigkeit ist, daß selbst die letzte Hoffnung, der Tod, nicht vorhanden ist. Wenn der Tod die größte Gefahr ist, hofft man auf das Leben; wenn man aber die noch entsetzlichere Gefahr kennenlernt, hofft man auf den Tod. Wenn dann die Gefahr so groß ist, daß der Tod die Hoffnung geworden ist, dann ist Verzweiflung die Hoffnungslosigkeit, nicht einmal sterben zu können."[73] Die

Friktionen, sich knotenden Verknotungen eines sich zu sich selbst verhaltenden Verhältnisses als Verhältnis, das sich zu sich selbst verhält etc., das alles rechtfertigt nicht, erlaubt aber, placet meinetwegen, erlaubt die Frage, was das denn sei oder heiße: Zum-Leben-krank-Sein? Lebenskrank. Nicht leben können, doch so, daß das Nicht-Leben keine Möglichkeit darstellt und keine Alternative: *Krankheit zum Leben*

\*

Also: Subjektivität nicht mehr von der Bestimmung der Selbsterhaltung her lesen; nicht mehr von der Bestimmung der Sterblichkeit her lesen. Subjektivität von der Bestimmung des Überlebens her lesen. Und von der Bestimmung des Überlebens zurück zum Begriff des Menschen als „Übermensch" vielleicht zum also begriffslosen Begriff des „Übermenschen" vielleicht die Krankheit zum Über-Leben.

\*

im berühmten, in diesem wunderbaren elften Buch über die Zeit

148

nachdenken mit einem der mein Lehrer immerhin mein Lehrer hätte sein können. Nachdenken über das Geviert das Heidegger-Schlegel-Geviert, über Plotin immer wieder und wieder über Augustinus. Und über die Bitternis die aus allen seinen Worten drang und drängte uns zu erzählen wie sie ihm übel mitspielten mitgespielt hatten, weil er es wagte einmal Heidegger und Schlegel und das im Schwarzwald gewagt hatte, in der Nähe jedenfalls. Und das von einem mit dem Namen eines Brudergebirgs fast, elsaßgleich. Von einem der mein Lehrer hätte sein können der mich fragte einmal unter mehr oder weniger vier Augen was, was wollen Sie machen später. Als wollte er sagen laut sagen, schauen sie mich an begraben schon früh mit all meiner Bitternis. Eine Warnung eine nonkonformistische. Er erinnerte sich noch Jahre später an mich, noch Jahre später ein letztes damals nicht ausdiskutiertes Argument übrigens, was ich Ihnen noch sagen wollte, als hätte er es eben erst noch sagen wollen zu dem Wortstreit heftig den wir hatten damals als

als man, das ist jetzt, heute, auf den Tag genau, 17 Jahre her als man mit großem Gepäck und Aufgebot und Flatterlicht jenen „Schwarzwaldhof" ausräumte nur wenige Wochen noch, warte nur ab, noch bis im April im Schwarzwald, in der Nähe von „Freudenstadt", ausgerechnet

damals also erinnerte er sich an mich Jahre später. Nachdenken über die Zeit, das elfte Buch, das letzte Gespräch unter mehr oder weniger vier Augen. Er starb bald darauf. Über seinem Haupt der unvertraute mir ganz und gar unvertraute Tod ihm nicht. Ein früher Tod. Ich hörte übrigens noch, daß er *seinen* Tod gestorben sei, einverstanden endlich. Im Reinen mit sich, sagte sie mir. Und ich weiß, daß das auch ihr Tod sein wird, der ihre.

*

Ich erinnere mich. Und Gott sieht, daß ich mich erinnere. Gott sieht, daß ich mich erinnere ich diese rätselhafte Verwicklung der Seelen Einwicklung, wo doch jede Seele für sich, solus ipse, jede Seele zwischen außen/innen markiert zu sein schien. Rätselhafte Verwicklung des „anderen-im-selben", rätselhafte Verwicklung des anderen und des einen Todes vielleicht schließlich auch beginne ich mich zu wundern und mehr zu wundern in der

„Tat, ich wunderte mich, daß die übrigen Sterblichen noch lebten, da doch er, den ich geliebt hatte, als könnte er nie sterben, gestorben war, und mehr noch wunderte ich mich, daß ich selbst, da ich doch ein zweiter Er gewesen, noch lebte, nun, da er tot war. Trefflich hat jemand von seinem Freund gesagt: die Hälfte meiner Seele. Wahrhaftig, ich hatte das Gefühl, als wären seine Seele und meine Seele nur eine Seele gewesen in zwei Leibern. Und es war mir das Leben deshalb so gänzlich verleidet, weil ich nicht hälftig leben wollte; und wenn ich trotzdem vor dem Sterben zurückscheute, so vielleicht aus dem Grunde, daß hinwieder der nicht ganz sterben sollte, den ich so heiß geliebt hatte."

\*

„O törichter Mensch, der Menschliches maßlos leidet!"

\*

Ein in zwei: seine Seele und meine Seele nur eine Seele in zwei Leibern. Vielleicht, wer wagte das zu entscheiden, aber vielleicht kommt Augustinus nirgends der paradoxen Psycho-Logik seiner maßlosen Trauer näher als hier, an diesem Punkt. *Krankheit zum Leben* an diesem Punkt: daß ich nicht sterben will und kann, daß ich nicht wollen kann, nicht zu leben, weil durch meinen Tod der seine, man könnte sagen, vollendet wäre, ein, man könnte sagen, überlebloser Tod wäre. Und daß ich nicht zu trauern enden wollen kann, weil der Verlust der Trauer den Verlust des anderen-in-mir sanktionierte. Trauer als Beziehung zum Toten als Beziehung ohne Beziehung zum Toten. Ein unmöglicher Verlust der Trauer/des anderen-in-mir, da doch Freud den Verdacht, mehr oder minder ausdrücklich, in die Welt setzte, daß die „Trauerarbeit" ebenso „unendlich" sein würde wie die „Analyse" immer schon war. Von dieser

Trauer, den Tränen aber und dem Tod der Mutter dort, im neunten Buch Kritons Geste Augustinus' drückte ihr ich

„Ich drückte ihr die Augen zu, und es floß mir in der Brust gewaltiges Weh zusammen und floß über zu Tränen, und schon tranken

meine Augen unter dem Machtgebot des Geistes ihren Quell wieder
auf, daß sie trocken blieben – ein Kampf, in dem es erbärmlich um
mich stand"[74]

\*

Menschliches maßlos leiden die gebrochenen Augen Flut und eine
Flut. „Apokalyptische Blindheit", nennt das Derrida, und die Tränen
Augustinus' beim Tod der Mutter sind ihm Taufzeuge gleichsam der
eigenen beim Tod, Sterben der Mutter, als bestände zwischen diesen
zwei Nordafrikanern eine Art Kontrakt der Tränen Auslauf out of
Santa Monica. Tränenspur tintenschwarzer Galle und
„Und also ward am neunten Tage ihrer Krankheit, im sechsund-
fünfzigsten Jahre ihres Lebens, im dreiunddreißigsten meines Le-
bens diese gottverbundene, edle Seele aus ihrem Leibe gelöst.
Ich drückte ihr die Augen zu" (ebd. 11,28f, S. 471)

\*

bis Freud, eines Tages, an Hamlet geriet ich an Freuds, so sagte er mir
oder schrieb mir wie immer, geriet an Freuds Lektüre an Freuds
überaus verwirrende verblüffende und, das auch, schockierende
Lektüre. Isaakapostroph: die Geschichte ging wie folgt weiter nahm
ihren Lauf als Abraham, sichtlich verstört durch den Anruf seines
Herren, „Who's talking?", die Hand zum Stoß erhoben erstarrt den
Dolch in der Rechten der Linken vielleicht anhielt „One moment,
please!", zögerte oder sogar zauderte als Abraham, „Hold the line,
please!", zögerte entriß ihm die Gunst der Stunde der Minute Sekunde nutzend Isaak den Dolch entwandt ihm den Vater dem mitten
in die Brust tief in die Brust hineingebohrt gedreht der Zorn des
Lamms Agnus Irae Dies

\*

Dies angehaltene Leben die das Pendel anhaltende Hand Zeitatem
gestellt still in stiller Nacht heiliger nicht auch noch. Der Schwennin-
ger Narro, ließ er sich sagen, habe anstelle des Säbels, einer Krücke

oder Stocks ein Pendel in der Hand eingeschneite Außenzeit. Gurrelied

*

daß, als die Bomben fielen, sie habe sie gesehen dort oben am
Himmel, erzählte sie ihm er war noch jung ziemlich eben ein Kind
eben ihm erzählt wie die Bomben an einem strahlend blauen Himmel aus schwerbrummenden Bombern herausfielen silberglitzernde
Punkte am Himmel langsam allmählich herabsanken, größer wurden. Dort oben, kleine silberne Punkte irgendwo am Himmel irgendwo. Und daß sie keine Angst gehabt habe, „überhaupt nicht", im Bun-
ker neben ihr ein junger Mann Soldat ein Unteroffizier den habe sie,
erzählte sie mir und ich sah sehe das alles vor mir in einem endlos-
geschleiften Film den jungen Mann in den Arm genommen und
getröstet gezittert hat der am ganzen Körper. Wie Espenlaub

*

Die Flucht der Toten. Materialer Rest: Hinterlassenes (Leiche und
Leichenteile, Knochen und Knochensplitter, Staub und Asche,
Mumifikationen aller Art, Haut und Haare, das Drumherum der
Reliquien auch meinetwegen, der Relikte); semantischer Rest: Spur
(als Lichtspur und Tonspur, Farb- und Steinspur, Schriftspur im wei-
ten Sinne eben all das, was als Werk und Gewirktes sein Übriges tut);
semiotischer Rest: Name (Vor- und Zuname, nichtbedeutende
Zeichen also, die nichts sagen als nur „der und der"); idealer Rest:
Schatten (und Schattenspiele, Gesichte und Sichtungen, Visionen
und, vor allem auch, Stimme und Stimmungen, Gestimmtheiten der
Nahheit des ganz und gar Fernen, die Phantasmagorien und
Realimaginationen, das Flüstern eben wie wenn neben einem einer
der eine stünde und steht und wäre da und ist da das Dasein des
Toten)

*

wo Vater dein Vater ist verlassen dein Vater verbrannt

152

\*

bis Freud, eines Tages, an Hamlet geriet ich an Freuds Hemmung
Hamlets warum Hamlet zögert warum zögerst Du Hamlet das Geheiß
des Vaters was ihn hemme also

„Was hemmt ihn also bei der Erfüllung der Aufgabe, die der Geist
seines Vaters ihm gestellt hat? Hier bietet sich wieder die Auskunft,
daß es die besondere Natur dieser Aufgabe ist, Hamlet kann alles,
nur nicht die Rache an dem Mann vollziehen, der seinen Vater besei-
tigt und bei seiner Mutter dessen Stelle eingenommen hat, an dem
Mann, der ihm die Realisierung seiner verdrängten Kinderwünsche
zeigt. Die Abscheu, der ihn zur Rache drängen sollte, ersetzt sich so
bei ihm durch Selbstvorwürfe, durch Gewissensskrupel, die ihm
vorhalten, daß er, wortwörtlich verstanden, selbst nicht besser sei als
der von ihm zu strafende Sünder. Ich habe dabei ins Bewußte übersetzt, was in der Seele unbewußt bleiben muß"[75]

\*

irgendwo am Himmel versöhnen die Schwalben die Freunde
wundgesalbter Seelen versöhnen die Schwalben den Himmel mit den
Bomben

\*

Gurrelied unser unsere
„Unsere Zeit ist um" Unsere
Zeit Deine nicht
nicht meine
„Unsere Zeit ist um" verhaltenes Pendel ausgelöste Knochenzeit

\*

süße Tränen bittersüßer Augentrost meiner Tränen in deinen Augen
vielleicht und weil, ja weil Tränen das Seufzen und Weinen und
Stöhnen und Klagen weil das all das einen Augenblick noch möglicher Augenblick bei zugedrückten Lidern noch gibt. Süße Frucht

153

von der Bitternis des Lebens als süße Frucht gepflückt das Seufzen und Weinen und Stöhnen und Klagen, weil, ja weil darin es noch und wieder etwas gibt, irgendetwas, das es nicht mehr gibt: „Objektbezug". Wenn der Trost eine Gabe der Augen ist dann. Wenn sich das Wesen des Auges im Weinen offenbart dann. Wenn die Apokalypse der Blindheit die Tränen sind dann

deshalb dann deshalb vielleicht, weil die Tränen und in den Tränen eine Gegenwärtigkeit eine längst unmöglich gewordene Gegenwärtigkeit statt hat eine Stätte der ungegenwärtigen Gegenwärtigkeit des Toten. Vielleicht

*

wo Vater dein Vater ist verlassen dein Vater verbrannt ich verbrenne

*

Hamlet also. Abgesehen davon, daß Freuds Deutung nicht unbedingt zu überzeugen vermag. Denn: könnte man nicht die nämliche innerpsychische Konfliktkonstellation in Anschlag bringen zur Begründung und Motivation einer gewiß höchst angespannten Aktivität? Im Sinne der „Stellvertretung" könnte man doch auch meinen, gerade weil der Oheim tut, was er, Hamlet, getan haben wollte, aber nicht tat, gerade deshalb drängte es ihn, den Oheim zu töten. Projektive Selbstbestrafung. Man kennt das ja. Und zurück bleibt das Publikum, baff erstaunt, mit einem Zauderer, von dem man immer noch nicht so recht weiß, warum er zaudert, Herr Freud. Das alles übrigens findet sich im Kapitel V „Das Traummaterial und seine Traumquellen" D: „Typische Träume" unter Abschnitt

b: „Die Träume vom Tod teurer Menschen". Das bleibt festzuhalten. Und festzuhalten bleibt überdies, daß jene Träume vom Tod teurer Menschen nur in dem Sinne als typisch zu bezeichnen sind, insofern sie als verbreitet gelten dürfen. Jedermann kennt sie. Ihr Strickmuster selbst aber weist sie als untypisch aus, wieder einmal. Entgegen der „typischen" Spannung zwischen latentem Traumgedanken und manifestem Inhalt, entgegen der zensurbedingten Traumentstellung, enthüllen jene Träume die erstaunliche, man

154

kann muß sagen, überaus schockierende Koinzidenz zwischen Inhalt und Gedanke. „Diese (die Träume) bedeuten, was ihr Inhalt besagt, den Wunsch, daß die betreffende Person sterben möge." (Freud, S. 221) Wunsch, daß die betreffende Person sterben möge: Freud verweist, um seiner These, über deren heftige Widerstände provozierende Anstößigkeit er sich allemal im klaren ist, den Rücken zu stärken, nicht nur auf die durch Konkurrenz, Eifersucht und Neid charakterisierte Feindseligkeit der Geschwister gegeneinander, sondern auch, zur Erklärung der Hostilität der Kinder gegenüber den Eltern (den umgekehrten Fall übrigens blendet er weitgehend aus), auf den ödipalen Grundkonflikt, den er zur Zeit der Abfassung der Traumdeutung in aller Deutlichkeit ohnehin noch nicht vor Augen hatte. Wenn je überhaupt. Und davon abgesehen: dieser Traum als unverhohlene Wunscherfüllung eines Tötungswunsches, wo „der durch den verdrängten Wunsch gebildete Traumgedanke jeder Zensur entgeht und unverändert in den Traum übertritt" (Freud, S. 226), dieser Traum, die Möglichkeit eines solchen Traumes beruht noch auf zwei für die Theorie des Traumes überhaupt wesentlichen Voraussetzungen: erstens dem infantilen Egoismus, der in ihm zum Ausdruck kommt; zweitens der Zeitresistenz des Wunsches überhaupt. Der Tötungswunsch also ist ohne Zweifel eine psychische Realität, genährt aus infantilem Egoismus von jederzeit wiederholungszwangshafter Aktualität, die unter der dürftigdünnen Oberfläche der Alltäglichkeiten vorherrscht.

*

guilty, schwer erkennbar dunkle Spur der alten Schuld, wo

*

Feind geliebter wäre der, der geliebt wird und liebt, nie etwas anderes, könnte nie etwas anderes sein als auch, als in irgendeiner Weise auch *feindlich*. Würde das bedeuten, müßte das bedeuten, den Anderen zu denken, ihn nicht denken zu können, ohne dieses Ingredienz der Feindlichkeit und Feindseligkeit. Würde bedeuten, das Verhältnis zum Anderen, der nicht ein anderes Ich, der anders ist als

155

ich, ohne dieses Moment der Hostilität beschreiben zu wollen, diesen Anderen den Aneignungs- und Assimililationsmechanismen einer universellen Egologik zu unterwerfen, die den Anderen nur realisiert, indem er seiner Anderheit a priori schon verlustig gegangen ist. Mit anderen Worten: die Anderheit des Anderen wahre ich nur, räume ich dem Anderen das Recht und die Möglichkeit ein, mein Mörder zu sein, mein „Verfolger" – et vice versa. Symmetrische Asymmetrie auf die Spitze getrieben: wenn der Andere tot ist der Tote ist, wer, wenn nicht „ich" sollte dann eigentlich sein Mörder sein können, wenn nicht „ich". Fragezeichen. Mörder eines nichtverhinderten Mordes. Fragezeichen. Wer wenn nicht „ich" habe seinen Tod zu verantworten die Verantwortung des anderen Todes.

Geschwisterpaare, Freundespaare, Feindespaare: horizontal und vertikal verstrebt gegenstrebig. Vertikal das Pärchen Nietzsche - Paulus in ihrer zwiethächtigen Einträchtigkeit gegen Aristoteles' Freundschaftskundgebung der Freundschaft gegen Cicero. Horizontal das Pärchen Taubes - Schmitt gegenstrebig verfügt gebeugt über Paulus' Feindesliebe bis in alle Ewigkeit.

*

teure Leichen teure Menschen zweimal zweifach untypische Träume: daß einer tot sei und daß einer, der tot sei, nicht tot sei als sei das die zensurminimierte Auflage fehl- und tadellose Sehn- und Sehsüchte. So ist das

*

Mördertraum die vorletzte Stunde die Wahrheit dieser Stunde. Die Wahrheit dieser dunkelsten dunklen Stunde. Abel erschlug Abel. Ich bin dein Mörder als ob. My brother, my killer. Als wäre ich der Mörder wäre eines Mordes, den ich, nicht und niemand beging, beging und begangen haben kann. Geständnisse einer zweifach gefalteten Schuld verantwortet einzig das Zeugnis einzig das ist so das

156

## 10

Ja, es ist möglich.

\*

Stenogramm einer vorläufigen Fatalität: eine seit einigen tausend Jahren vorherrschende Disposition, den anderen Tod, die Realität des anderen Todes, zu verstellen. Hypokrisie, die ihrerseits Wirklichkeiten zeitigt: imaginäre Wirklichkeit des Imaginären. Allseitig vorherrschende Überblendung. Faktum einer kulturellen Ordnung, die ihrer transzendentalen Bedingungsmöglichkeit zuwidertut. Autointoxikation einer Kultur. Kultur ist Totenwache. Eine Kultur, die der Toten Zeugnis verweigert, die den anderen Tod dem einen assimiliert als dessen spiegelsymmetrischer Abdruck des einen im anderen einen und nur einen, wird zu enden beginnen, Kultur zu sein. Seit einigen tausend Jahren hat dieses Enden begonnen. Allseitig vorherrschende Überblendung. Ego-Thanato-Logik einer Ordnung falschverdrahteter Hoffnung. Triebenergetischer Kurzschluß. Die Erlösungshoffnung der Überlebenden auf ihr Überleben ist die Eklipse der „Hoffnung umwillen der Hoffnungslosen". Totale Neumondfinsternis. Verschattung der einzig legitimen Praktik oder Pragmatik von Hoffnung überhaupt. Transmondialer Imperativ: auf Erlösung hoffen für die nur, die nicht mehr hoffen können. Die Idee der Generativität beruht auf diesem Imperativ. „Pacta sunt servanda"

\*

watchtower all along wooden tower

*

Stenogramm einer vorläufigen Fatalität: darüber nachzudenken
beginnen, inwiefern und kraft welcher deduktiven Stringenz die im
Endlösungsrefrain kulminierende Verwaltungstechnik euthanataler
Sonderbehandlungen zum Ende des zweiten Millenniums in der
Hypokrisie des anderen Todes ihre Voraussetzung hat, ihren transzendentalen wie empirischen Ermöglichungsgrund. Darüber nachzudenken beginnen, inwiefern die Machenschaft des „Tötens des
Todes" in der ego-thanato-logischen Disposition präjudiziert ist.
Darüber nachzudenken beginnen, inwiefern die „Enderlösung" im
Stande eines gegebenen technisch-technologischen Implements
statthaben konnte und kann anbetrachts einer auf den einen Tod
justierten Erlösungsrhetorik. Apokalypse des Begehrens. Darüber
nachzudenken beginnen.

*

Triebenergetischer Kurzschluß: die sich auf den Hoffenden rück-
beziehende Erlösungshoffnung, die das eigene Dasein rückver-
sichernde Heilsgewißheit entflammt die doppelzüngelnde schon am
großen Brenner die Flamme nieverlöschte

*

Stenogramm einer vorläufigen Fatalität: darüber nachzudenken
beginnen, inwiefern und ob die Tatsache, daß „die Juden"[76] den
anderen Tod im stets schwerwunden Herz ihrer Wüsten Exegesen zu
verorten wußten, damit zu tun hat, mit einer gewissen Eifersucht und
der Erinnerung an sie, mit der Verfolgung schließlich der Hatz der
Verfolgung, mit den Überstürzungen theo-politischer Behandlung
schließlich, dem protosakrifiziellen Verlangen der „Enderlösung"
schließlich, die möglich wurde in dem Moment, wo die Totalisierung
des einen Todes umschlagen mußte in die Epilogik des „Tötens des
Todes", in die Epilogik des „Tötens der Toten". Schließlich

*

158

Idee der Generativität: Splitterbombe Messias die „schwache Erlösung" die gelöste, erlöste und losgelöste Erlösung, die einzig denkbare Form, die einzig legitime. Gerechtfertigt vor Gott, dem Absoluten, in der Erlösungshoffnung der Toten sola fide. Und, halten wir das fest, die oder diese Erlösungshoffnung für die Toten ist der Sinn, der einzig denkbare und praktikable Sinn des Gebets. Nicht wahr? Mit diesen Worten sagt das Benjamin: „Vergangenheit

Die Vergangenheit führt einen heimlichen Index mit, durch den sie auf die Erlösung verwiesen wird. Streift denn nicht uns selber ein Hauch der Luft, die um die Früheren gewesen ist? ist nicht in Stimmen, denen wir unser Ohr schenken, ein Echo von nun verstummten? haben die Frauen, die wir umwerben, nicht Schwestern, die sie nicht mehr gekannt haben?"[77] Ist dem so?

„Ist dem so, dann besteht eine geheime Verabredung zwischen den gewesenen Geschlechtern und unserem. Dann sind wir auf der Erde erwartet worden. Dann ist uns wie jedem Geschlecht, das vor uns war, eine *schwache* messianische Kraft mitgegeben, an welche die Vergangenheit Anspruch hat." Billig, sagt Benjamin, sei dieser Anspruch nicht abzufertigen.

\*

mercy oh sisters of mercy die Frauen die vielen vielgeliebten die eine. Objekt klein oder groß a oder Töchter und Schwestern und Mütter an drei Zeitachsen koordiniert und subordiniert, an drei Felderlinien verknotet diese oder die eine, eine trinitätserotische Komplikation einer dreifaltigen Einheit. Abschied schon Laufzeit.

\*

Wachtürme Nebelland und Katzen und Mäuse Umstellung eines genau topographierten Territoriums eben. Zwischen Maus I und II, Rußlinie schraffierter Schattenriß eines längst schon längst Gezeichneten. Ein Territorium juridisch justiertes Territorium absoluter Rechtlosigkeit oder Rechtjenseitigkeit out of law eben als Bedingung und Apriori einer Thanatopolitik der „Machenschaft

heißt hier die alles machende und ausmachende Machbarkeit des

Seienden, dergestalt, daß in ihr erst die Seiendheit des vom Seyn (und der Gründung seiner Wahrheit) verlassenen Seienden sich bestimmt. (Machbar ist hier gedacht wie ‚wachbar' = wachsam und daher Machbarkeit im Sinne von *Machsamkeit*)."[78]

*

Zeugnis als Sicht und Sichtung herzzerreißender Dinge, vierfach oder fünffach gevierteter Dinge der Dinge also, die jedweden Konnex zwischen Wollen und Gedächtnis zerstören. Kommende Dinge und Wörter und Worte und ein Wort im Herzen zerrissen. Diese Dinge, meine Damen und Herren, sind nicht deshalb herzzerreißend als Dinge der Toten oder nur als Dinge der Toten im unmittelbar possessiven Sinne, als Dinge also, die ihnen gehören oder gehörten, weil sie einmal die ihren waren und deshalb an sie erinnern etc. Sondern – *Amplifikation und die Spaltung der vierten Dimension* – alle Dinge sind, sofern sie Dinge sind, in toto und als solche von den Toten in Anspruch genommen. Das Gefünft der Dinge meinetwegen. Die Sterblichen den Toten sie sind zeugnispflichtig den Toten ein Zeugnis als Antwort und Verantwortung, Antwortung ihrer all ihrer gebrochenen Augen. Die Augen aufhalten manchmal auch die Hände, den Tod nehmen verantworten. Aufwachsamkeit als Wachen in einem zeitwörtlichen Sinne und nicht im substantivischen. Die Totenwache ist ein Zeitwort. Die Totenwache ist eine Zeitantwort, Totenstille.

*

im April im Schwarzwald im April dann dort, wie sie eigentlich dahingekommen sind? Alle. Nach der Beerdigung, der Erde, dem Grab, dem Kies unter den Füßen und all dem. Nach all dem findet er sich sie wieder, nächster Akt, an einem Ort, einer Art Waldlichtung, in der Nähe, vielleicht dort genau, was man in den frühen Jahren „Uhustein" nannte eine Steinwand moosüberwachsen feuchter Stein. Hochgekrachselt in den frühen Jahren mehr als einmal und wieder. Hättest dir den Hals brechen können. Mehr als einmal. Und dort
    findet er sich sie wieder in der Nähe wieder die Nähe. Nächster Akt Szene. Wieviel Zeit seit der Beerdigung ein paar Stunden wohl erst

160

vielleicht nicht einmal eine. Dort er sich und sie. Sie alle, mes amis. Dann ein Ball. Und dann haben wie sie angefangen haben, Fußball zu spielen. Ich erinnere mich. Gerannt geschrieen gelacht die Lunge aus dem Leib bei lebendigem Leib. Im April im Schwarzwald war das am Uhustein das ein sonniger Tag. Ein Bild noch kaum verblaßt die Tanne und die Sonne und ein Bach das glucksende Wasser. Einfach nennen. Nennen sagen. Wie es ist. Wie es war im

Zelt zu dritt. Ashram, so sagte er das sagte er und lachte in seinem Zelt das sei sein Ashram sein Zelt. Und lachte die Baskenmütze ins Gesicht gezogen die Zigarette im Mundwinkel schief wie oft. Der Freund der Fliegen, Fliegen dürfe man in seinem Ashram nicht töten, deklarierte er haben wir doch getan und Bier getrunken eine ganze Menge getöteter Fliegen. Das Motorrad auf der Wiese. Den Hügel hinuntergefahren ins Dorf. Eingekehrt mit allen ein gutes Dutzend lärmender Bengels. Vor Renoir, diesem Bild Renoirs, in der Kneipe irgendeiner Kneipe im Dorf unten vor irgendeiner eher schlechten Abbildung lieblos an die Wand gepinnt. Vor diesem Bild, keiner wußte warum und um was es um was gehe es denn eigentlich, so fragte er. Und fluchte und lachte. Und sprach von sich wie so oft in der dritten Person wie Winnetou verbluteter Bruder. In seinem Ashram. Vor diesem Bild. Vor diesem Bild haben wir uns gestritten laut herrlich laut gestritten. Aus Anlaß war wie oft so oft ich ich hatte gesagt, ich spüre ich könne ganz genau spüren sehen riechen atmen das déjeuner petit déjeuner der Ruderer an einem, ich glaube das sei ein Sonntagnachmittag so sah ich das. Roch und atmete. Und das war wahr. Das war die Wahrheit. Einmal an diesem Zeitpunkt dieser Schnittstelle die zeitwunde Zeit. Seitdem sehe ich wenn ich sehe das Bild dieses Bild nicht mehr. Seitdem sehe ich etwas anderes. Wenn ich dieses Bild sehe seitdem sehe ich dieses Bild und etwas anderes. Das ist die Wahrheit. Dann

spielten sie Fußball. Geweint habe da keiner mehr nie mehr. Letzter Akt Szene dieses Tages das alles das war alles was blieb von diesem Tag. Der Pfarrer, erzählte man ihm irgendwann später, der Pfarrer habe ihm gesagt, daß er selten bei einer Beerdigung so viele Menschen habe weinen sehen. Das sei ihm, ich erinnere mich nicht, das sei ihm damals nicht aufgefallen. Ich erinnere mich nicht mehr und mehr

*

Lufthauch Echolot Lautlot Sternengesang deutscher. Lufthaut. Und
Wind in den Bäumen. Und Blätter fallen wie Sterne sterbende. Der
Wind ist wie Schnee blow up! wie der Schnee ist der Wind ein
Zeichen schon der Zone.

*

Weshalb wachen fröhliche oh

*

Jenseits der Macht, des Willens zur Macht, jenseits oder außerseits
blendender Überlichtungen des Seins nicht nur des Seins und der
Seinsapostrophen „Zeit und Wahrheit" außerseits all dessen ist Nacht
oder gibt es die Nacht. Die Totenwache ist eine Nachtwache, immer,
zweimal eine Handvoll verstillter Stunden, immer

*

„Weshalb wachen wir? Um den Tod zu annullieren oder um ihn zu
erhalten? Will man mit sich selbst ins Reine kommen, seine Pflicht
erfüllen oder will man abrechnen, mit dem Anderen, mit den
Anderen außerhalb und in sich? Wie viele Stimmen überschneiden
sich dabei, überwachen sich, kommen aufeinander zurück, greifen
sich gegenseitig an, erdrücken sich bei ihrer Äußerung oder gehen in
der Nähe der anderen in Schweigen über? Soll man abschließende
Bewertungen aussprechen? Sich versichern, daß der Tod nicht statt-
gefunden hat oder daß er nicht mehr rückgängig zu machen ist und
daß man sich somit gegen die Rückkehr des Toten gesichert hat?
Oder soll man ihn zu seinem Verbündeten machen (‚Der Tote mit
mir'), ihn auf seine Seite ziehen, ihn in sich aufnehmen, geheime Ab-
sprachen enthüllen, ihn vollenden, indem man ihn exaltiert"[79] Also
    weshalb wachen also

*

wachen überwachen bewachen: erstens, etwas oder jemanden, um ihn zu schützen vor irgendetwas, vor irgendeiner Gefahr oder Bedrohung; zweitens um uns, sich selbst, mich vor jemandem oder vor etwas zu schützen vor der Gefahr, die davon ausgeht, die von ihm ausgeht. Wachen also heißt die Gefahr für ihn oder von ihm. Die Totenwache jedenfalls, rufen wir uns das in Erinnerung ein weiteres Mal, sie ist ein Wachen und keine Wacht oder Wache. Genauer: die Totenwache oder das Totenwachen ist eine Wacht oder Wache im Sinne und nur im Sinne des Wacht! und Wache! Im Sinne also eines Imperativ, unabwendbare Appellation, Bitte und Gebet, das die Toten an „uns", an „mich", an euch oder dich richten und richten werden. Totenwache so, als ob. Wake up! also

*

mehr und mehr Bilder und Gesänge Sternengesänge deutsche in vielen vielgespaltenen Zungen. Eine Art postbabylonischer Konfusion Epitaph deiner Nachbilder

Sternengesang die Tür jeden Spätnachmittag die Tür er öffnete sie zu meinem Zimmer steckte den Kopf durch die ein spaltweit geöffnete Tür da sei er nun da grüßte einen Gruß den ich nie mochte. Der Schreiner, der Geiger, der Freund der Fliegen. So wenig Zeit, mein Freund. Vielleicht acht Jahre vielleicht zehn. Zeit ist Frist unsere. Zeit ist um. Damals unter einem Dach gemeinsamen Dach der Blick auf das Münster. Kant gelesen jeden Tag gelesen in seinem Gesicht ein Erstaunen schon, ein Mitleiden auch wie ich ihm erzählte, daß kein Tag verginge an dem ich nicht weinte. Es war sein Erstaunen, das mir die Unhaltbarkeit meiner Tränenepigramme vor Augen führte. Es war sein Mitleiden, das mir mein Leiden tuchfühlbar machte. Ich singe davon die ganze Nacht durchgefeiert getanzt gezecht und gesoffen und morgens mitten in der Nacht wer kam mitten in der Nacht auf den Einfall, Spaghetti ein ganzes Kilo Spaghetti gekocht zu dritt restlos weggefressen und Tomatensoße am nächsten Tag habe er Tomatensoße auf seinem Hemd entdeckt „auf dem Rücken". Er wisse nun wirklich nicht wie das dahin gekommen sei. Gebogen vor Lachen gekrümmt wie ein Wurm. Seitdem schulde ich ihm noch fünf Mark ja ein Fünfmarkstück, das ich, verblüfft, wie es weggespült wor-

den war, in einen der Rinnsale auf dem Münsterplatz habe fallen lassen. Nicht zu fassen, meinte er, der hat meine fünf Mark weggeschmissen. Und lachte und fluchte. Ja, das war wirklich nicht zu
fassen

*

weshalb wachen? Wache! „Fröhliche Totenwache", das sagt Derrida
einmal dieses Wort, dieses Ungetüm zwischen Joyce und Nietzsche
auf verlorenem Posten. Und dann Lévinas, der ihn einmal einlud zu
sich, einmal nach Paris ein Anruf und eine Einladung, die er nie angenommen habe, so rapportierte er mir im gewohnten Telegraph abrupt unterbrochener Meldungen, Lévinas jedenfalls arbeitet oft mit
Lautbildern des Erwachens, dem Wachen und der Wachsamkeit, die,
so sagt er das, keine Wachsamkeit „gegenüber etwas"[80] sei. Und dann,
ein andermal, bringt er dieses Geflecht der Wache in direkte Verbindung mit der Idee der Subjektivität und dem, was er „Trauma" nennt
und ohne das jene Subjektivität nicht denkbar wäre. Geburt des
Subjekts aus dem Trauma des Erwachens. Das ist alles herrlich kompliziert und, was das Beste daran sei, es entzieht sich Gott-sei-Dank-in-
der-Höhe dem prästabilen Harmonismus der wirklich hübsch salbadernden Alteritätsrhetoren – wenn man genau liest. Bleibt noch
zuletzt der Fingerzeig, daß Lévinas, um den nichtintentionalen
Charakter des Wachens oder der Wachsamkeit eigens zu betonen, auf
das Motiv der Schlaflosigkeit zu sprechen kommt. „‚Schlaflosigkeit'",
sagt er einmal in Klammern, sei „ein gutes Wort, denn man kann
keinesfalls von einer Schlaflosigkeit – *über* sprechen!" (ebd. S. 220)
Von Lévinas' Wachsamkeit zur Schlaflosigkeit nicht zuletzt Kafkas
endlich und endlich zur Aufmerksamkeit, die zwischen Benjamin
und Novalis und Freud natürlich eine
These: die Subjektivität des Überlebens ist keine der Konzentration oder Reflexion, des Willens oder der Entscheidung, auch keine
mehr des Eingedenkens und der Besinnung, der Andacht und Gelassenheit, ist eine *Subjektivität der Aufmerksamkeit.*

*

riesenhafte Maschine allerneuester Konstruktion Hamletmaschine
ferngelenkte send me a missile deiner Schuld deiner endlos gewun-
denen Schuld Vaterunserverlassen

\*

immer, Totenwache als Übernächtigung, nicht als Überlichtung der
Nacht, setzt die Nacht und setzt sie voraus als Milieu und Medium,
stiftet die Nacht, fast könnte man sagen heiligt die Nacht fast heilige
Nacht. Totenwache die Hut der Tochenwache und Totenstille das
Gebell der Totenstille, dem keine gar keine Sprache mehr Obdach
bietet der Toten Obhut der Toten

\*

wo Vater dein Vater ist verlassen dein Vater verbrannt ich verbrenne

\*

Stenogramm einer vorläufigen Fatalität: daß es sein könnte, daß man,
vielleicht anfangs schon, das „Für uns" seines Todes abwegig verstanden hat und abwegig verstehen wollte, ein ergreifend ausholendes
Mißverständnis, eine Mißachtung auch, ja das auch seines
Vaterunserverlassen. Das „Für uns", kein Gott hat das so verstanden
und kein Gottesmenschensohn hat das so verstehen wollen. Das „Für
uns" zielt auf „uns", Beweingruppe im Akkusativ, Anruf und Anklage,
Anklang „unserer" nimmersatten Tränen. Wer eigentlich kam auf die
verwegene Idee als Erster, daß „wir" „uns", daß wir uns seine Verzweiflung unter den Nagel reißen als Dividende null Prozent von null.
Und nichtig. Seit diesem Ersten aber, so könnte es gewesen sein so:
daß seit diesem Ersten die Toten ein verlorenes Spiel spielen, daß seit
diesem Ersten sie exiliert sind, unstatthaft gleichwie als wäre es eine
Freude, den Toten ihren Tod zu nehmen, ihren anderen Tod für uns.
Und Christus wäre auch das, wenn man so wollte, der letzte Leichnam gewesen, der letzte Tote, der Tote der den Zugang zu den Toten
verschlossen hätte versiegelt mit sieben Siegeln oder Kapiteln, mit
sieben mal sieben Chiasmen. Ein Fenster. Ein Kreuz. Ein Gitter.

*

nicht töten du sollst nicht. Nicht die Lebenden und nicht die Toten. Du sollst nicht töten die Lebenden und die Toten. So lautet der Gesetzestext, buchstäblich, in Ewigkeit.

*

Flüchter, Frühgänger nirgendwie noch heimgekehrt, eingekehrt. Ich. Dieses eine Mal ich bin ein Mal ich sende rufe schicke überspiele ich dieses Mal klammes Kleinod meiner Vegetabilien der Brustkorb offenausgebrochener Tummelplatz überaus konkreter Verwesen Ich, Ich aber, Ich sende

*

Stenogramm einer vorläufigen Fatalität: daß die Unsterblichkeits-hoffnung als Kalkulat einer Heilsökonomik meiner selbst, meines Selbsts als eines durchgängig stabilen Nukleus durch alle raum-zeitlichen Wechselfälle hindurch, die Vorbedingung war, der erste Schritt war vorwärts zu einer Protophantastik des überwundenen Todes des überwindbaren; daß die Unsterblichkeitshoffnung als Kalkulat einer Heilsökonomik meiner selbst mein Selbst zurüstete und bestellte zur europäischen Zentralmacht einer Machbarkeit sogar dann des Lebens selbst als digitaler Informatik kombinierbarer Genotypie; daß die Naherwartung des endlich überwindbaren Todes die Überstürzung zur Machbarkeit des endlich überwindbaren Todes erzwingen mußte und muß. Von der Unsterblichkeitshoffnung als Kalkulat einer Heilsökonomik meiner selbst bis zur Derealisation des Todes als dessen Rationalisierung gibt es einen Konnex schwer-verkraftbarer Einfältigkeiten. Daß das Töten des Todes der Toten das Säkularisat sei einer Heilsökonomik meiner selbst.

*

gottmeingott mein Zeuge bist mein Tod. Es sei denn, Gott hieße Tod. GottmeinGott weiß nicht, Du weißt es, ich weiß nicht, ob ich jemals

166

gebetet habe oder ob ich je etwas anderes getan habe als zu beten. Du-weißt-es-ich-weiß-es-nicht

*

Noch da ich „Ich ganz gemeines Privatsubjekt, Ich Vor- und Zuname, Ich Staub und Asche, ich bin noch da."[81]

*

Stenogramm einer vorläufigen Fatalität: zu fragen beginnen, wie überhaupt jemals je jemand auf die Idee verfallen konnte, man stürbe seinen Tod und nur seinen Tod allein die einsamste Stunde. Auf die Idee verfallen oder der Idee, wie jemals je, wo doch niemand je behaupten könnte und kann, daß man alleine geboren worden wäre, alleine zur Welt gekommen sei. Zu fragen beginnen, wie die Idee der Mortalität, des Todes und des anderen Todes dem Phänomen oder Transphänomen, dem Mirakel der Natalität respondiert. Und schließlich zu fragen beginnen, wann endlich es soweit sein werde, wo der erste Letzte Mensch geboren sein würde allein, die einsamste Stunde allein die invitrofertilierte Natalität eines leichten ganz leichten Menschen. Schwerelose Monstrosität des ganz Neuen Menschen. Und wem er stürbe

*

Noch da Ich-Privat, Ich-Name, Ich-Aschestaub, ichda also: wer ist das Ich/ich? was heißt hier „Ich/ich"? wie ist das zu verstehen? Erst einmal: ich bin/Ich ist all das: nicht nur „da", sondern „noch" da, soll heißen, nach all den steilwärts gerichteten Begriffsdeduktionen „noch" da. Zweitens: ich bin/Ich ist noch das da oder als das noch da: Privatsubjekt oder -person, Mensch einfach Mitmensch einfach so; dann Name, Vor- und Zu-, Person als juristische Person, Bürger und Bürge für ein ganzes Depot kontraktischer Verhältnisse und Beziehungen; dann – und dann das: wobei, Rosenzweig sagt nicht, nicht die erste, aber die tiefste Irritation, Rosenzweig spricht nicht von Haut und Knochen, nicht von Fleisch und Blut, Rosenzweig spricht

167

von Staub-zu-Staub-Asche-zu-Asche. Rhetorik des memento mori, erst einmal. Und auf gut Hegelisch, was bei dem Herrn Rosenzweig nicht das Falscheste wäre, ließe sich in etwa sagen, daß die Wahrheit des Ich der Staub und die Asche sei. Und das Ich/ich also ist sterblich, sterbliches Nochdasein. Doch

drittens bei alledem, lese es noch einmal. Ich Staub und Aschezuasche, nicht: ich werde sein, sondern ich. Ich. Auch nicht: wenn ich Aschenstaub sein werde, werde „ich" nicht mehr sein. Sondern: Ichaschestaub. Das ist dieses Ich, das ich sein werde, wenn ich nicht mehr bin, das ist das Ich, das ist, wenn ich nicht mehr sein werde. Das „Staub und Asche" ist also nicht das, was ich sein werde, wenn ich nicht mehr bin, sondern das, was „ich" immernoch bin, wenn „ich" nicht mehr sein werde. Lese ich.

*

Ich, Ich aber, Ich sende von einem unmöglichen Punkt aus einer bis in Inneres vereisten Isolation das Testat eurer Augen meiner gebrochenen. Testat mein Testament: ich bin tot. Sendung dieser Worte Sendschreiben in Licht verhüllt und Nacht, bin der erste, der sie sendet von her

von hier her. Daß dies die Wahrheit sein wird, gewesen sein wird, daß dies die die Wahrheit ist. Ich bin tot. Jetzt ist es Nacht. Hörst Du mich.

Folglich, ein Wesen, das in dieser Wahrheit ist sie ist und um sie weiß, wird, ich verspreche es, eines Tages zu tanzen beginnen, endlich tanzen wie ein endlich verrückt spielender Kreisel zu tanzen beginnen im Kreis kreisrund das Brot des Gesteinigten jenseits all eurer Flüche. Totentanz der Lebenden Überlebenden Lebenden bis bis

*

Fußnotation eines Stenogramms: das Recht der Toten und der Lebenden, das Recht und das Geheiß der Totenwache. Angstlohn Montand Yves Montand lese in der Zeitung, sei zur Klärung einer strittigen Vaterschaftsklage exhumiert und anschließend wieder bestattet worden. Die Pikanterie die unerträgliche sei, liest man, daß Montand sich zu Lebzeiten weigerte, einem Vaterschaftstest sich zu unterziehen. Das Recht Yves Montands auf bio-informationelle Selbstbestimmung endete damit also mit dem Tod Yves Montands. Der Tote namens Yves Montand hat also dieses Recht nicht, hat also überhaupt keine Rechte, ist also keine juristische Person, ist also keine Person. Thanatopolitik und -technik als Übergriff der Lebenden auf die Toten als Subordination der Ordnung der Toten unter die Ordnung der Lebenden, ihre Interessen und ihr Interesse zumal auf Sicherung, Erhalt und Steigerung ihres Lebens selbst und als solches. Der Vorgang verzerrt das Verhältnis der Lebenden und der Toten zur Kenntlichkeit, enthüllt das ego-thanato-logische Präjudiz der Lebenden über die Toten, die hirn- und herzlos Toten. Ein französischer Politiker, Michel Hunault, wies im Zusammenhang der postmortalen Affäre Montand auf eine Gesetzeslücke hin. Es scheine ihm unabdingbar, das Gesetz zum Schutz der physischen Unversehrtheit, das bislang nur für lebende Personen gelte, zu ergänzen. Es sollte auf die Toten ausgedehnt werden.[82]

*

tanzen und singen und komm, und tanz! Was sollte solch ein Wesen denn anderes tun als singen als tanzen Einklage einer Balance vielleicht unerreichbare Balance zwischen dem zweimaldreieinigen Schrecken der Geburt und dem des Todes und dazwischen seine Steppe

*

bis zum Asthma deines in mir nachwuchernden seit unvordenklichen Zeiten nachwuchernden Tumors deines in mir die Mittelohrentzündung der Vatermutter auf meiner Hirnhaut fast ein Nachbild. Anaklimax eurer Atemnot in mir Atemwende einmal und einmal gewendet endlich. Eine anaklimatische Depression wie jener Affe im Zoo, hinter Glas, der sich in steinblauen Rhythmen wiegte Verzweiflungsrhythmen ohne Zweifel. Brudertier Affe dauerte ihn damals. Verstand ihn damals. Als wollte er gleich zu sprechen beginnen. „Hö-

169

re, ich bin du." Affenhospiz der Hostilität der Ahnen gegenüber den Bälgern. Frühaggressive Akte. Dein Tod allein hätte schon genügt allein mit meiner unstillbaren Rache bis

bis Freudenstadt und jenseits von Freudenstadt der ganze Weg der weite und tagelange von Alpirsbach und jenseits im Hochwald. Prinzessinnen auf der Spur drei Hunde gehetzt die Prinzessinnen die Mädchen die Frauen. Tagelang im Hochwald auf Lichtungen und dann Freudenstadt ausgerechnet der Regenwald Smaragdwald langanhaltender Regen der die Knochen feuchtete die Haut und die Seele. Eine kleine rote Zange im Wald bei Freudenstadt diese rote Zange da auf dem Schreibtisch da bis

bis zu früher oder später fettleibigen Tagträumen im Schwimmbad die Frösche die auf dem Teerboden angetrockneten Frösche im Wasser dehydrierte Mumienfresken. Wolkengesichte über mir die Wolken der Himmel die Gesichter dort Fabelland bis

bis die Gewitter mein Gesicht auswischten bis

bis die Schwalben um das Haus sirren den Sommer im Maul maulsatt sommersatt auf dem Speicher das Haus und das Glockengebell des Münsters Lautgebell bis

bis die Gewitter die Herzhaut pellten bis

bis die Schwalben kommen werden einmal noch den Toten einen Toten einen weiteren einen dir und dir bis

bis die Schwalben kommen die Schwalben

# Anmerkungen

1 Sigmund FREUD: Die Traumdeutung. Frankfurt a.M. 1982. 415f
2 Jacques LACAN: Die vier Grundbegriffe der Psychoanalyse. Das Seminar Buch 11 (1964). Übersetzt von Norbert HAAS. Freiburg i. Br. ²1980. 65.
3 Martin HEIDEGGER: Sein und Zeit. Tübingen ¹⁵1979, § 50, 250
4 Emmanuel LÉVINAS: Gott, der Tod und die Zeit. Übers. von Astrid NETTLING und Ulrike WASEL. Wien 1996. 26ff u.a.
5 LACAN: Die vier Grundbegriffe der Psychoanalyse. l.c. 64.
6 Immanuel KANT: Die Religion innerhalb der Grenzen der bloßen Vernunft. In: ders. Werke in zehn Bänden. Wilhelm WEISCHE-DEL (Hg.) Band 7. Darmstadt 1983. 870ff.
7 Michael THEUNISSEN: ho aiton lambanei. Der Gebetsglaube Jesu und die Zeitlichkeit des Christseins. In: ders. Negative Theologie der Zeit. Frankfurt a.M. 1991. 327ff. Auch: ders. Negativität bei Adorno. in: Adorno-Konferenz 1983. Ludwig von FRIE-DEBURG/Jürgen HABERMAS (Hg.) Frankfurt a.M. 1983. 54ff.
8 HOMER: Ilias. Übers. von Johann Heinrich VOSS. Eltville 1980. XVI. Gesang. 671f und 681f.
9 Gotthold Ephraim LESSING: Wie die Alten den Tod gebildet. In: ders. Werke Band 6. Darmstadt 1996. 411f.
10 Rainer Maria RILKE: Duineser Elegien. In: ders. Werke. Band I,2. Frankfurt a.M. ³1984. 445.
11 Klaus E. MÜLLER: Der Krüppel - Ethnologia passionis humanae. München 1996. 290.
12 Jacques DERRIDA: Grammatologie. Übers. von Hans-Jörg RHEIN BERGER und Hanns ZISCHLER. Frankfurt a.M. 1983. 190ff.
13 DERRIDA: Marx' Gespenster. Der verschuldete Staat, die Trauerarbeit und die neue Internationale. Übers. von Susanne LÜDE-

MANN. Frankfurt a.M. 1995. 37.

14 Simone WEIL: Cahiers - Aufzeichnungen. Band 2. Hg. und übers. von Elisabeth EDL und Wolfgang MATZ. München, Wien 1993. 189.

15 DERRIDA: Edmond Jabès et la Question du Livre. In: ders. L'écriture et la Différence. Paris 1967. 110. Dazu: Elisabeth WEBER: Schwarze Tränen, Tintenspur. In: Ethik der Gabe: Denken nach Jacques Derrida. Hg. von Michael WETZEL und Jean-Michel RABATÉ. Berlin 1993. 39-57.

16 LÉVINAS: Gott, der Tod und die Zeit. l.c. 46. Vgl. 73.

17 Marcel PROUST: Auf der Suche nach der verlorenen Zeit. Band 10: Die wiedergefundene Zeit. Übers. von Eva RECHEL-MERTENS. Frankfurt a.M. 41979. 4011f.

18 Simone de BEAUVOIR: Das Alter. Übers. von Anjuta AIGNER-DÜNNWALD und Ruth HENRY. Hamburg 1972. 245.

19 Sarah KOFMAN: Rue Ordener - Rue Labat. Autobiographisches Fragment. Übers. von Ursula BEITZ. Tübingen 1995.

20 LÉVINAS: Gott, der Tod und die Zeit. l.c. 175.

21 Klaus Kinski als „Nosferatu" in Werner Herzogs gleichnamigem Film (so in etwa jedenfalls).

22 HEIDEGGER: Einführung in die Metaphysik. Tübingen 41976. 125.

23 Heiner MÜLLER: Gedichte. Berlin o.J. 80.

24 SOPHOKLES: Antigone. Übers. von Friedrich HÖLDERLIN. In: Hölderlin: Sämtliche Werke und Briefe. Darmstadt 41984, Band II. 400.

25 Samuel WEBER: Zur Singularität des Namens in der Psychoanalyse - Lacan und Heidegger. In: Perversion der Philosophie - Lacan und das unmögliche Erbe des Vaters. Hg. von Edith SEIFERT. Berlin 1992. 55f.

26 SOPHOKLES: Antigone. Tragödie. Übers. von Wilhelm KUCHENMÜLLER. Stuttgart 1955. 41.

27 Günther ANDERS: Besuch im Hades. München 1985. 9f. Dazu: Elisabeth WEBER: Nachdenken als Nach-denken: Anamnesis. In: Lévinas - zur Möglichkeit einer prophetischen Philosophie. Hg. von Michael MAYER und Marcus HENTSCHEL. Gießen 1990. 256-277.

28  Giorgio AGAMBEN: Sovereignty and Biopolitics. Vortrag in der Staatsbibliothek Berlin am 14.1.97.

29  LÉVINAS: „Die Menschheit ist biblisch". In: Elisabeth WEBER: Jüdisches Denken in Frankreich. Gespräche.
    Frankfurt a.M. 1994. 117.

30  Joseph ROTH: Radetzkymarsch. Köln 1989 (Berlin 1932). 111

31  Albert CAMUS: Der erste Mensch. Übers. von Uli AUMÜLLER. Hamburg 1995. 32.

32  Friedrich NIETZSCHE. Ecce homo. In: ders. Kritische Studienausgabe (KSA) Hg. von Giorgio COLLI und Mazzino MONTINARI. Band 6. München, Berlin, New York ²1988. 264.

33  DERRIDA: Marx' Gespenster. l.c. 38.

34  HEGEL: Vorlesungen über die Philosophie der Geschichte. Werke Band 12. Frankfurt a.M. 1970. 123f.

35  LÉVINAS: Gott, der Tod und die Zeit. l.c. 93.

36  HEGEL: Phänomenologie des Geistes. Werke Band 3.
    Frankfurt a.M. 1970. 332.

37  LÉVINAS: Gott, der Tod und die Zeit. l.c. 94.

38  LÉVINAS: La Mort et le Temps. Paris 1991. 95.

39  HEGEL: Phänomenologie des Geistes. l.c. 333f.

40  Fjodor DOSTOJEWSKI: Die Brüder Karamassow. Übers. von Werner CREUTZIGER. Band II. Berlin, Weimar 1981. 11.

41  Martin WALSER: Finks Krieg. Frankfurt a.M. 1996. 226.

42  FAZ, 5.9.97, 11.

43  DOSTOJEWSKI: Der Idiot. Übers. von H. von Hoerschelmann. Leipzig 1979. 505.

44  Rainer Maria RILKE: Die Aufzeichnungen des Malte Laurids Brigge. Frankfurt a.M. 1982. 24.

45  James JOYCE: Die Toten/The Dead. Übers. von Dieter E. ZIMMER. Frankfurt a.M. 1990. 115.

46  DERRIDA: Aufzeichnungen eines Blinden. Das Selbstportrait und andere Ruinen. Übers. von Michael WETZEL. München 1997. 11.

47  DERRIDA: Die Tode des Roland Barthes. Übers. von Gabriele RIKKE und Ronald VOULLIÉ. Berlin 1987. 48f.

48  Roland BARTHES: Textanalyse einer Erzählung von Edgar Allen Poe. In: ders. Das semiologische Abenteuer. Übers. von Dieter HORNIG. Frankfurt a.M. 1988. 290.

49 DERRIDA: Les morts de Roland Barthes. In: ders. Psyché - Invention de l'autre. Paris 1987. 302.

50 SHAKESPEARE: Hamlet. Übers. von Erich FRIED.
Frankfurt a.M. 1995. 460.

51 Heiner MÜLLER: Mein Nachkrieg. FAZ, 25.9.97.

52 Herman MELVILLE: Moby Dick oder Der Wal. Übers. von Richard MUMMENDEY. München 1964. 243 (Übersetzung geändert).

53 Rainer FINNE: FAZ, 8.10.97.

54 Stephan KRASS: „Mit einer Hoffnung auf ein kommendes Wort" - Paul Celan hilft Martin Heidegger. In: Die Neue Gesellschaft/Frankfurter Hefte 10/97. 913 - Krass zitiert hier seinerseits aus: Gerhart BAUMANN: Erinnerungen an Paul Celan.
Frankfurt a.M. 1986.

55 Jean BOLLACK: Vor dem Gericht der Toten. In: Neue Rundschau. 1/98. 138.

56 DERRIDA: Aufzeichnungen eines Blinden. l.c. 123.

57 RILKE: Die Aufzeichnungen Malte Laurids Brigge. l.c. 30.

58 Hartmut BÖHME: Bild - Schrift - Zeichen. Zum neuen Paragone. Vortrag vom 22.11.97 in Potsdam.

59 RILKE: Die Aufzeichnungen des Malte Laurids Brigge. l.c. 13.

60 RILKE: Stunden-Buch. Drittes Buch: Das Buch von der Armut und vom Tode. In: ders. Werke. Band I,1. l.c. 103.

61 Jean-Paul SARTRE: Das Sein und das Nichts. Über. von Traugott KÖNIG. Frankfurt a.M. 1991. 929.

62 Réne GIRARD: Die Rache der Toten. In: ders. Das Heilige und die Gewalt. Übers. von Elisabeth MAINBERGER-RUH.
Frankfurt a.M. 1992.

63 PLATON: Werke in acht Bänden. Band III: Phaidon. Bearb. von Dietrich KURZ. Übers. von Friedrich SCHLEIERMACHER.
Darmstadt 1974.

64 SARTRE: Das Sein und das Nichts. l.c. 934.

65 BENJAMIN: Goethes Wahlverwandtschaften. In: ders. Gesammelte Schriften. Band I/1. Rolf TIEDEMANN und Hermann SCHWEPPENHÄUSER (Hg.) Frankfurt a.M. 1980. 200.

66 Thomas MACHO: Wir erfahren Tote, keinen Tod. In: Der Tod.

Ein Lesebuch von den letzten Dingen. Rainer BECK (Hg.) München 1995. 295f.

67 RILKE: Die Aufzeichnungen des Malte Laurids Brigge. l.c. 24.

68 Max SCHELER: Tod und Fortleben. München 1979. 25.

69 MACHO: Wir erfahren Tote, keinen Tod. l.c. 298.

70 Aurelius AUGUSTINUS: Confessiones / Bekenntnisse. Übers. von Joseph BERNHART. München [4]1980, Viertes Buch. 149ff.

71 NIETZSCHE: KSA 12. 153.

72 AUGUSTINUS: Confessiones. l.c. Elftes Buch. 623.

73 Søren KIERKEGAARD: Die Krankheit zum Tode. Übers. von Liselotte RICHTER. Frankfurt a.M. 1984. 18.

74 AUGUSTINUS: Confessiones. l.c. Neuntes Buch. 471.

75 FREUD: Traumdeutung. l.c. 225.

76 Jean-François LYOTARD: Heidegger und „die Juden". Übers. von Clemens-Carl HÄRLE. Wien 1988. 11f.

77 BENJAMIN: Über den Begriff der Geschichte. Gesammelte Schriften l.c. Band I/2. 693f.

78 HEIDEGGER: Besinnung. Gesamtausgabe Band 66. Frankfurt a.M. 1997. 16.

79 DERRIDA: Die Tode des Roland Barthes. l.c. 30.

80 LÉVINAS: Gott, der Tod und die Zeit. l.c. 32.

81 Franz ROSENZWEIG: Brief an Rudolf Ehrenberg von 18.11.1917. (Die „Urzelle") In: ders. Kleinere Schriften. Berlin 1937. 359.

82 FAZ, 13.3.98.

# Nachtrag

Die Entscheidung, diesen Essay mit fortlaufenden Fußnoten zu versehen, fiel nicht leicht. Dem Vorteil, Zitiertes am angegebenen Ort nachlesen zu können, standen nicht unerhebliche Nachteile gegenüber. Vorab stört, zumindest mich, die schriftbildliche Punktierung durch jene lästigen kleinen Zeichen, die in einer wissenschaftlichen Arbeit unbenommen ihren guten Zweck erfüllen. Bei einem Text allerdings, der zwar einen philosophischen, indes keinen fachphilosophischen Anspruch erhebt, sind sie vielleicht fehl am Platze. Vor allem aber stört, zumindest mich, die aufdringliche Akzentuierung gekennzeichneter Textstellen. Wer das Buch liest, wird bemerken, daß es nicht nur auf zuweilen diskrete Weise Bezug auch auf andere – wissenschaftliche, literarische – Texte nimmt, die nicht eigens angemerkt wurden, sondern überhaupt auf Produkte der bildenden Kunst, der Musik, des Films, des sogenannten Trivialromans, der sogenannten Unterhaltungskultur. Es wäre ein grober Irrtum zu meinen, Referenzen wären allein deshalb, weil sie eigens durch Fußnoten markiert wurden, bedeutsamer als andere, unausgewiesene. Man wird bemerken, daß das Buch diesbezüglich einer ganz anderen Logik zu folgen versucht. Der Einsatz von Fußnoten mag dem Leser womöglich mühsames Recherchieren ersparen. Doch ganz glücklich bin ich mit dieser Lösung nicht.

Zu danken hätte ich vielen. Zu danken habe ich aber vor allem zwei Freunden, Hans-Jürgen Kugler und Thomas Eller, die mir bei Korrektur und Layout mehr als nur hilfreich zur Seite standen. Zu danken und mehr als zu danken habe ich zuletzt Tabea Mertz. Sie weiß für was und warum.

M.M.

# Philosophie im Passagen Verlag

Martin Kurthen
**Werbung für das Unmögliche**
Psychoanalyse und Kognitions-
wissenschaft in der Postmoderne
Passagen Philosophie

Joachim Widder
**Das vergessene Leben**
Untersuchung von Krankheit und
Patienten-Selbstbestimmung
in der Medizin
Passagen Philosophie

Hans Sanders
**Zeitgabe**
Für eine Ästhetik der Lebenswelt
Passagen Philosophie

Gerd van Elst
**Denken im Halbkreis**
Wenn der Fortschritt zu Ende
ist, beginnt der Rückweg
Passagen Philosophie

Knut Ebeling
**Die Falle**
Zwei Lektüren zu Georges Batailles
„Madame Edwarda"
Passagen Philosophie

Elisabeth List
**Grenzen der Verfügbarkeit**
Die Technik, das Subjekt und
das Lebendige
Passagen Philosophie

Clemens Stepina
**Handlung als Prinzip der Moderne**
Passagen Philosophie
Hans Sanders
**Zeitgabe**
Für eine Ästhetik der Lebenswelt
Passagen Philosophie

Werner Simon
**Erkenntnistheorie oder Pragmatik?**
Das soziologische
Verwendungsproblem bei
Weber, Popper, Kuhn undRorty
Passagen Philosophie

# Edition Passagen

Jacques Derrida
**Apokalypse**
Von einem neuerdings erhobenen
apokalyptischen Ton in der
Philosophie
Hg. von Peter Engelmann
Edition Passagen Band 3

Emmanuel Lévinas
**Ethik und Unendliches**
Hg. von Peter Engelmann
Edition Passagen Band 11

Jean-François Lyotard
**Postmoderne für Kinder**
Briefe aus den Jahren 1982–1985
Hg. von Peter Engelmann
2., unveränderte Auflage
Edition Passagen Band 13

Sarah Kofman
**Derrida lesen**
Hg. von Peter Engelmann
2., durchgesehene Auflage
Edition Passagen Band 14

Jean-Luc Nancy
**Das Vergessen der Philosophie**
Hg. von Peter Engelmann
2., durchgesehene Auflage
Edition Passagen Band 16

Jacques Derrida
**Wie Meeresrauschen auf dem
Grund einer Muschel ...**
Paul de Mans Krieg. Mémoires II
Hg. von Peter Engelmann
2., überarbeitete Auflage
Edition Passagen Band 20

Pierre Klossowski
**Sade – mein Nächster**
Hg. von Peter Engelmann
Edition Passagen Band 42

Emmanuel Lévinas
**Gott, der Tod und die Zeit**
Gespräche mit Philippe Nemo
Hg. von Peter Engelmann
Edition Passagen Band 43

# Passagen Philosophie

# Über die paranoische Psychose
## und ihre Beziehungen zur Persönlichkeit
und
## Erste Schriften über die Paranoia
Jacques Lacan

Hg. von Peter Engelmann. Aus dem Französischen von Hans-Dieter Gondek. 2001. Ca. 456 Seiten. 15,5 x 23,5 cm. Ln. geb. mit Schutzumschlag. Ca. DM/ sfr 98,- öS 686,-; ISBN 3-85165-406-4

Im Mittelpunkt dieses Buches steht der Fall *Aimée*: Die Postangestellte Marguerite Pantaine hatte eine Bühnenschauspielerin mit einem Messer attakkiert und war daraufhin psychiatrisiert worden. Jacques Lacan hatte sich der Patientin angenommen. Seine nun erstmals auf deutsch erscheinende Dissertation aus dem Jahre 1932 wurde damals mehr im sozialistischen und surrealistischen Milieu rezipiert durch Wissenschaft und Psychiatrie. Das Werk gibt nicht nur einen umfassenden Überblick über die damaligen Bemühungen, die Paranoia und allgemein die Geisteskrankheiten zu erklären, sondern zeigt auch, daß schon der frühe Lacan mit der Anknüpfung an die phänomenologische Philosophie und Psychologie und an die Freudsche Psychoanalyse eine mutige und avancierte Position einnahm, die den Weg aus der Psychiatrie herauswies. Die Übersetzung folgt der von Jacques Lacan in seiner Reihe *Le Champ freudien* herausgegebenen Ausgabe, die durch die *Ersten Schriften zur Paranoia* ergänzt wird. Ein Werk, das für die Kenntnis des Lacanschen Werdegangs unerläßlich ist.